イメージでつかむ
英語基本動詞
100

政村秀實
Masamura Hidemi

くろしお出版

まえがき

　本書は英語を習得するために、(1)最も基本、かつ重要と思われる動詞100項目を選び、(2)それらの単語のイラストを描き出し、(3)簡潔・丁寧な解説を施し、(4)適切かつ実用性の高い用例文を提示しています。動詞の100語を選択した理由は日本人学習者が英語を受信したり、英語で発信したりする時にこれら100語をきちんと習得すれば、おおよその英語の発想法、語の構成法が身につき英語の大海をなんとか泳いでいけるだろうと考えたからです。いわば英語の要（かなめ）となる100語を選んでいます。

　イラスト部では、語義（= 単語が内包する意味）の中核（コア）になるものを図絵化しイメージとして語義を捉えることの助けとなることをもくろんでいます。図絵化された語義のイメージは記憶によく残りますし、語義を固定化することがなく応用性に富んだものとなります。余談ですが、イラストはモノクロなのでクレヨンや色鉛筆などで着色してみると、よりユニークな楽しい本になることでしょう。

　解説部では、一般の辞書に見られるような訳語による語義の説明ではなく、英語の語義へのアプローチ法として、最善であると筆者が考える過程を書き起こしたものです。語義の獲得に一貫する筋道があるとすれば、原義（= 語源）と、そこから展開してきた意味を理解し納得することであり、このことが最も大切だと信じています。

　用例部では解説をより深く納得してもらうために解説の言わんとする内容にぴったり対応する例文を掲げています。例文の文脈が悟りやすいように全例文をフル・センテンスで提示し、和訳が添えてあります。意味がつかめた文は何度も口ずさんで、自然に口をついて出るまで反復されることをお勧めします。

　語学の基礎的学習はできるだけ短期間に一気に進め、日常の文章や、ニュースがなんとか読め、自分なりの表現ができるようになれば、もう英語の海の中に泳ぎだす方がいいと思います。いつまでもプールの中で泳法の訓練をしているのでは、あの大海原で、世界の不思議に出会い、人々との出会

いに心を躍らせることにはならないでしょう。また、英語と言う「もっとも日本的でないもの」の一つに真剣に向かうことは、無意識のうちに複眼的な物の見方を養うことにもなるでしょう。本書が読者のみなさんの英語習得の手助け・橋渡しになることをこころから願っています。

　なお、本書の初稿は *Asahi Weekly*（2013.4 〜 2015.3）に連載されたものですが、朝日新聞社のご好意と、くろしお出版のご熱意のお陰で本書が世に出ることになりました。イラストをはじめ全原稿に大幅な加筆修正を加えて、一層読み易いものに仕上げました。とりわけ、斉藤章明さん（くろしお出版編集部）には書籍化にあたり、非常に多くの有益なアイディア・アドバイスをいただきました。ほのぼのとしたイラストは坂木浩子さんに描いていただきました。語法などのインフォーマントとして Paulus Pimomo 教授（Central Washington Univ.）、Marian Frazier さん（Calif. 在住、元小学校教員）、Jennifer Umemoto さん（Seattle 在住、会社員）から多くの有用な情報をいただきました。

　また、コラム連載時から高見健一さん（学習院大学教授）にはたくさんの励ましをいただきました。それから、*Asahi Weekly* 編集部に有益なご意見を寄せてくださった多くの読者の方々にも心からの感謝を申し上げます。

　最後に、本書を手にしてくださったあなたが本書をどのように活用しているか、どのように役立っているかなどの報告や感想などを hidemi_6061@yahoo.co.jp へ届けていただけるなら、嬉しく思います。

2016 年 11 月

政村秀實

目　次

	まえがき	iii
afford	～する余裕がある	2
apply	当てはめる、適用する	4
appreciate	価値が分かる、ありがたく思う	6
argue	主張する、言い争う	8
arrive	到着する	10
beat	続けざまに叩く	12
break	堅い物をこわす	14
bring	物を持って来る	16
build	家を建てる	18
call	声をかける	20
carry	物をかかえて運ぶ	22
catch	動くものをすばやくつかまえる	24
challenge	権威・難題に挑む	26
charge	責める、課す	28
come	来る	30
commit	ある状況へ追い込む	32

compromise	折り合う	34
cost	費用がかかる	36
count	数える	38
cover	覆う	40
cut	切り離す、切り込む	42
deliver	配達する	44
describe	描写する	46
deserve	〜に値する	48
develop	発達する	50
do	〜をする	52
doubt	〜かどうか疑う	54
drive	追い立てる	56
expect	起こるだろうことに思いをはせる	58
fail	〜に失敗する	60
fall	落ちる	62
feel	体に感じる、心に感じる	64
find	見つける	66
fit	ぴったり合う	68

fix	修理する	70
follow	～の後を追う	72
gather	集める、集まる	74
get	(ある状態に)なる、～を手に入れる	76
give	与える	78
go	行く	80
grow	成長する	82
hang	つるす	84
happen	事が起こる、人がたまたま～する	86
have	(有形・無形のものを)持つ	88
hit	打つ	90
hold	つかむ、保つ	92
keep	ある状態をずっと保つ	94
know	～を知っている、～を知る	96
last	続く、長持ちする	98
learn	身につける	100
leave	去る	102
let	～させてあげる	104

look	〜に目を向ける	106
love	〜が大好きである	108
make	作る	110
mean	意味する、意図する	112
meet	会う	114
mind	気にとめる	116
miss	狙った的を外す	118
move	動く	120
offer	差し出す	122
order	命令する	124
owe	おかげをこうむる	126
pay	代金を支払う	128
pick	つつく	130
picture	描く	132
pull	引っ張る	134
push	押す	136
put	物を置く	138
raise	引き上げる	140

reach	到達する	142
read	読む	144
realize	〜であると気づく	146
refer	〜に言及する	148
remember	思い出す	150
run	走る	152
save	救う	154
say	〜であると言う	156
search	探し回る	158
see	見る、見える	160
set	据える・置く	162
settle	定着させる、定着する	164
share	分かち合う、分担し合う	166
spare	使わずに残しておく	168
stand	立っている、立つ	170
succeed	成功する	172
suffer	(病気や不幸に)苦しむ	174
take	〜を取る	176

tell	語る	178
think	〜と考える・〜と思う	180
touch	触れる、さわる	182
turn	回す	184
vary	変わる	186
walk	歩く	188
want	〜を欲する	190
wear	着ている	192
wish	〜であればいいのにと願う	194
wonder	〜かしらと思う	196
work	働く、仕事をする	198
yield	屈する、生み出す	200

あとがき　203

イメージでつかむ
英語基本動詞100

afford

〜する余裕がある

【解説】

　affordの原義は「af(〜へ)ford(前進する)」です。ここから「前進する→目標に到達する→少しの努力で目的とするものに到達する」といったニュアンスを持つようになりました。affordの定訳「〜する余裕がある」の背景には「あまり苦労することなく目的の物を手に入れる」という意味合いがあることが分かります。私たちが生活していくうえで、余裕と言えば、誰でも経済的余裕と時間的余裕を連想するでしょう。事実、affordは経済的、時間的に余裕を持って目標に到達できるという文脈でもっとも多く用いられます。

　語法的に見ると、①「can afford +名詞」(例文1〜4)、あるいは②「can afford to + 動詞」(例文5〜8)の形で、否定文や疑問文で多く用いられます。形容詞形は③affordable(例文9〜11)で、辞書にある「手頃な」という訳は「買おうとすれば十分手の届く値段である」というニュアンスを訳したものです。

① **can afford + 名詞**　　**〜の余裕がある**

1. There are many who cannot **afford** the money for seeing a doctor.　医者に診てもらうお金がない人が多い。

2. I cannot **afford** the time for such matters.　そのようなことには時間をさけない。

3. She felt she couldn't **afford** a week-long vacation from work.　彼女は1週間の休暇を取るのは無理だと思った。

4. The Yankees can't **afford** any more defeats to advance in playoffs.　ヤンキースはプレイオフへ進出するためにはもう1敗もできない。

② **can afford to + 動詞**　　**〜する余裕がある**

5. We couldn't **afford** to send our children to college.　子どもたちを大学にやれなかった。

6. Most companies, especially small ones, cannot **afford** to invest in basic research.　ほとんどの会社、とくに小さな会社は基礎研究に資金をつぎ込む余裕がない。

7. I know paying (in) cash saves money, but I cannot **afford** to.　現金払いが得になるのは分かっているけれど、払えないんです。

8. Where can we **afford** to buy a house?　どの地域だったら一軒家が買えるだろうか？

③ **affordable**　　**手頃な**

9. Owning a private car used to be beyond our reach, but today it is **affordable** for most people.　マイカーを持つのは高嶺(たかね)の花だったが、今ではたいていの人が買える。

10. Buses usually provide the most **affordable** method of traveling.　バスで旅行するのがたいていの場合一番安い。

11. Okinawa is only a two-hour flight from Tokyo, and the prices of everything are **affordable**.　沖縄は東京からわずか2時間のフライトで行けて、何でも安い。

apply

当てはめる、適用する

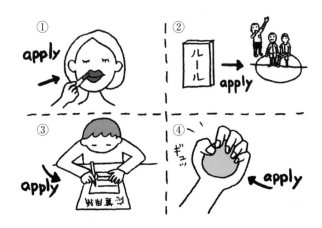

【解説】

　applyの原義は「ap(〜へ)ply(重ねる)」です。plyは「重ねる・加える」の意味ですが、同様の語根を持っているなじみの言葉にapplication(アプリ＝応用ソフト)、appliqué(アップリケ＝模様に切り抜いた小布などを布地の上に縫い付ける手芸)、plus(プラス＝加える)などがあります。「重ねる・加える」は日常の活動でいろいろとありますが、applyはおもに次のような場面を描写するために用いられます：①「(口紅などを)塗る・つける」(例文1〜3)→②「(規則・理論などを)適用する・当てはめる」(例文4〜5)→③「(応募に)申し込む」(例文6〜9)→④「物に力などを加える・努力を注ぐ」(例文10〜11)などです。

　このように、具体的・物理的な重なりから抽象的・比喩的な重なりを意味しますが、いずれの場合も「あるものを別のものにくっつける・あてがう」というニュアンスが底に流れています。

① `apply` （口紅などを）塗る

1. I **apply** lipstick before I go to work, and I reapply it when it wears off.　私は出勤するときに口紅を塗り、とれたら塗り直します。
2. When you go outdoors for an extended time, you need to **apply** sunscreen to protect your skin.　戸外に長時間出るときは肌を守るために日焼け止めを塗らないといけない。
3. My mother **applies** make-up lightly.　母は薄化粧です。

② `apply` （規則・理論などを）適用する

4. Japan has **applied** economic sanctions to punish North Korea's missile test.　日本は北朝鮮のミサイル発射実験に抗して経済制裁を行った。
5. There are cases in which no criminal punishment is **applied** to those who are mentally handicapped.　知的障がいのある人には刑事罰が適応されない場合がある。

③ `apply` （応募に）申し込む

6. How many jobs had you **applied** for before you were offered this one?　この内定をもらうまでにいくつの仕事に応募しましたか？
7. She graduated with high enough grades to **apply** for scholarships for college.　彼女は大学の奨学金を申し込めるほど優秀な成績で卒業した。
8. Seats are limited and will be allocated to those who **apply** first.　席の数は限られているので先着順です。
9. Non-native English speakers have to take the TOEFL to **apply** to colleges in the United States.　英語を母語としない者が米国の大学へ志願するにはTOEFL を受けないといけない。

④ `apply` 物に力などを加える

10. **Apply** firm pressure to the wound until the bleeding stops.　出血が止まるまで傷口をしっかり押さえなさい。
11. You must **apply** the handbrake whenever you park your car.　駐車するときはつねにサイドブレーキを引いておかなければならない。

appreciate

価値が分かる、ありがたく思う

【解説】

　appreciate の原義は「ap(〜へ)preciate(値を付ける)」です。ここから①「価値が上がる」(例文1〜2)→②「価値が分かる・正しく評価する」(例文3〜5)→③「ありがたく思う」(例文6〜8)のように意味が展開します。

　名詞の appreciation も同様に、④「値上がり」(例文9)、⑤「まっとうな評価・理解」(例文10〜11)、⑥「感謝」(例文12)の意味で用います。

　「価値が分かる→ありがたく思う」の展開は、日本語「ありがたい」が「在り難い→存在が稀(まれ)である→希少価値がある→ありがたく思う」のように展開するのと類似の発想です。聖書のマタイ福音書にある「豚に真珠」あるいは日本のことわざ「猫に小判」は、appreciate の底に流れている意味合いを巧みに語っていると言えましょう。

① `appreciate` 価値が上がる

1. The yen **appreciated** two percent against the dollar.　円はドルに対して2%値上がりした。

2. He purchased some lots believing that land would **appreciate**.　彼は地価が上がるだろうと考えて土地を数区画購入した。(※lot=分譲地)

② `appreciate` 価値が分かる

3. You don't **appreciate** your health until you lose it.　病気になって初めて健康のありがたみが分かるものだ。

4. Her husband failed to **appreciate** the pressure she was under.　夫は妻の気苦労が分からなかった。

5. Some think we can't really **appreciate** foreign literature in translation.　外国文学は翻訳では本当には理解できないと考える人がいる。

③ `appreciate` ありがたく思う

6. I'd **appreciate** any advice you can give.　どんなアドバイスでもいただけるとありがたいです。

7. I **appreciate** your concern for our safety.　私たちの安否についてご心配をいただきありがとうございます。

8. We will **appreciate** it if you would give us a frank opinion about the project.　このプロジェクトに対する忌憚(きたん)のない意見をくださると幸いです。

④ `appreciation` 値上がり

9. Japan's export industry suffered from the **appreciation** of the yen against the dollar.　円高ドル安のために日本の輸出産業は痛手をこうむった。

⑤ `appreciation` まっとうな評価・理解

10. I have developed an **appreciation** for classical music.　クラシック音楽が分かるようになった。

11. I have no **appreciation** for paintings like Picasso's work.　ピカソのような抽象画はどこがいいのか分からないわ。

⑥ `appreciation` 感謝

12. The Prime Minister expressed his **appreciation** for the assistance from all over the world.　首相は全世界からの支援に感謝の意を表明した。

argue

主張する、言い争う

【解説】

　argue の原義は「考えを明らかにする、はっきりさせる」です。そのためには理論や証拠に基づいて、自分の意見や立場を主張しなければなりません。さて誰かが「考えを明白にする→主張する」と、たいていの場合、その主張に対抗する反論が起こります。双方が主張し合うことになり、「口論・論争」になります。argue はこれら両方の活動について言います。端的に言えば、① 発言が一方向であれば「主張する」（例文 1〜5）の意、② 双方向なら「議論する・口論する」（例文 6〜9）の意味になります。

　名詞 argument も同様に、③ 一方向なら「主張」（例文 10）、④ 双方向なら「議論・口論」（例文 11）の意味になります。

① **argue** 主張する

1. Some **argue** that children should be disciplined solely by their parents at home. 　子どもの躾はもっぱら家庭でなされるべきだと主張する人がいる。
2. The article **argues** that students should not be judged only by their grades. 　この論文では学業成績のみで生徒のすべてを評価してはならないと述べている。
3. Professional boxing, he **argues**, is not a sport worth honoring. 　彼はプロボクシングは敬意に値するスポーツではないと言っている。
4. Many **argue** that it's too early to start looking for a job before they finish their third year in college. 　多くの人が大学3年生を終える前から就職活動をするのは早すぎると主張している。
5. The Ex-Prime Minister **argues** that people have the ability to invent alternatives to nuclear power. 　元首相は、原発をやめたとしても人間はそれに代わる方法を発明する能力があると主張している。

② **argue** 議論する・口論する

6. **Arguing** may hurt the heart in more ways than one. 　口論をすると、ひとかたならず心臓に悪い影響を与えかねない。
7. Don't **argue** with me; just do what I told you to do. 　つべこべ言わないで私の言った通りにしなさい。
8. The family **argued** bitterly over who would inherit the house and land. 　家族は誰が家屋と土地を相続するかを激しく言い争った。
9. No one can **argue** with the fact that wars are the greatest waste of all. 　誰も戦争は最大の浪費という事実に異をはさむことはできない。

③ **argument** 主張

10. There is a strong **argument** in our work place for reducing employees' working hours. 　私たちの職場では従業員の労働時間を減らすべきだとする強い意見がある。

④ **argument** 議論・口論

11. The **argument** between the umpire and the batter escalated into a fight. 　審判と打者の口論は取っ組み合いのけんかになった。

argue　9

arrive

到着する

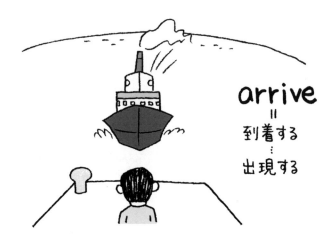

【解説】

　arrive の原義は「ar(〜へ)rive(川岸)」です。ここから①「(水路で)川岸へ着く→(向こうから)こちらへ到着する」(例文1〜6)の意味が生まれます。arrive を用いるとき、発話者の視点は到着地側にあります。このことが聞き手との間に暗黙の了解としてあるので、必ずしも到着地点を示す必要はありません。

　また、「移動による到着」のほか、「時の経過、努力などによる結果・成果の到来」についても用います。つまり、②「(発明・新譜などが)出現する、(結論などに)達する、(時機などが)到来する、(赤ん坊が)生まれる」(例文7〜11)などの意味で用います。

　名詞形 arrival も動詞と同様に③「到着・出現、新生児」(例文12〜14)の意味で用います。

① **arrive** 到着する

1. The packet has **arrived** in good condition.　小包は無事に届きました。
2. Make sure you give me a call when you **arrive** safely.　無事に着いたら必ず電話してね。
3. When police **arrived**, the victim lay in a pool of blood just off the porch.　警察が到着したとき、被害者は玄関先で血の海の中に倒れていた。
4. Tom isn't a very organized person and he always **arrives** late at meetings.　トムはルーズなので、会議にはいつも遅れてくる。
5. The president **arrived** back in Washington from Hawaii today.　大統領は今日、ハワイからワシントンに帰ってきた。
6. **Arriving** on the scene, firefighters moved the boy from the sofa to the floor to try to revive him.　現場に着くや消防士たちは少年をソファから床へおろし蘇生を試みた。

② **arrive** 出現する・達する・到来する・生まれる

7. The latest album, his sixth, will **arrive** early next month.　彼の6番目となる最新アルバムが来月早々発売になる。
8. New technology has been **arriving** in our lives one after another.　新しい技術が次々と私たちの生活の中に入ってきている。
9. Both sides finally **arrived** at an agreement after much discussion.　双方は多くの議論を重ねたのち、ようやく合意に達した。
10. Fall has definitely **arrived**.　当地はすっかり秋になりました。
11. Our first baby is due to **arrive** in July.　私たちにとって初めての赤ちゃんが7月に生まれます。

③ **arrival** 到着・出現、新生児

12. What is the **arrival** date and time?　到着日時はいつですか？
13. Since the **arrival** of e-mail, letters and faxes have become less important in the business world.　電子メールの出現以来、手紙やファクスはビジネスの世界では重要度が下がった。
14. She is expecting a new **arrival** next month.　彼女は来月赤ちゃんが生まれる。

beat

続けざまに叩く

【解説】

　カタカナ語の「ビート」は「拍・拍子(音楽用語)」や「ビート板(水泳)」などの意味でなじみの語です。動詞用法の beat の原義は「棒などで繰り返して打つ・続けざまに叩く」ですので、①「続けざまに打つと音の波が起こり羽音や鼓動が起こったり、手拍子をとったりする」(例文1～5)ことになります。さらに②「打ちつける対象が敵になると打ち負かす・攻略する」(例文6～10)ことになります。そして③「相手を打ちつける→嫌なことを打ちつける・打ち払う→先手を打って不都合な事柄を回避する」(例文11～12)のように意味が展開します。

① **beat** 続けざまに打つ・叩く

1. Last night a violent storm of rain and wind **beat** against〔on〕the window.　昨晩、激しい風雨が窓を打ちつけた。

2. As my turn drew near, my heart began to **beat** faster.　自分の出番が近づくと、心臓がどきどきし始めた。

3. **Beat** the egg yolks and sugar together until creamy.　卵の黄身と砂糖をクリーム状になるまで強くかき混ぜなさい。

4. When the hunter shot, the birds took to the air in a wild **beating** of wings.　猟師が発砲すると、鳥たちは羽を激しくばたつかせて飛び立った。

5. They dance tangos **beating** time with their hands and feet.　タンゴは手足で拍子をとりながら踊る。（※beat time= 拍子をとる）

② **beat** 打ち負かす・攻略する

6. She looked tired and **beaten** down, with dark circles under her eyes.　彼女は目の下にくまができ、疲れて打ちひしがれている様子だった。

7. After the heavy fighting on Iwo Jima, the Japanese forces were soundly **beaten**.　硫黄島の激戦で日本軍は全滅した。

8. Nothing **beats** home cooking〔a home-cooked〕meal.　家庭の料理にまさる料理はない。

9. "Good" has a number of definitions; it's very hard to **beat** this little word.　「Good」という簡単な単語には多様な意味があるので、この単語を攻略するのは至難である。

10. Treatment of waste from nuclear power plants is a problem that **beats** even the top minds in the world.　原発から出る廃棄物の処理は、世界最高の頭脳にも解けない難問である。

③ **beat** 回避する

11. I usually leave home early to **beat** the traffic.　渋滞を避けるためにいつも早めに家を出る。

12. To **beat** deflation the Bank of Japan adopted a monetary easing policy.　デフレ脱却のために日本銀行は金融緩和策をとった。

break

堅い物をこわす

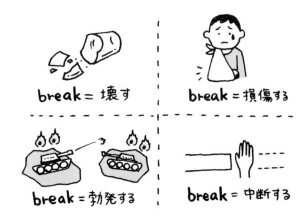

【解説】
　breakの原義は「衝撃を加えて堅い物をこわす」です。ここから次のように意味が展開します。①「形が定まっている物(の形状)をこわす」(例文1～2)、②「身体部位(の正常な状態)をこわす」(例文3～4)、③「安定した状態をこわす→変化が突発する・静寂を破る」(例文5～7)、④「緊張や膠着(ちゃく)状態をこわす→窮状・行き詰まりを打開する」(例文8～9)、⑤「秩序・規律を破る」(例文10)、⑥「進行状態を中断する」(例文11)。
　これらの意味に共通するのは「物事が通常の形態・状態を維持しているところに、外部あるいは内部から急激な力が加わってこわす」というイメージです。

① `break` 物をこわす

1. The thief seems to have entered the warehouse by **breaking** the lock.　泥棒は錠前をこわして倉庫に侵入したようだ。

2. She **broke** a string on her racket while playing tennis.　彼女はテニスをしている最中に、ラケットのガットを切ってしまった。

② `break` 身体部位をこわす

3. My dad fell off a ladder and **broke** his arm.　父ははしごから落ちて、腕を折った。

4. My rooster pecked me on the leg and **broke** the skin.　うちの雄鶏(おんどり)が口ばしでつついたので、僕は足にけがをした。

③ `break` 変化が突発する・静寂を破る

5. When the singer walked on the stage, loud cheers **broke** out from the large audience.　歌手が登場すると、大観衆からどっと歓声があがった。

6. One time I was sitting by the shore, when a whale's huge back **broke** the surface of the water.　海辺に座っていると、クジラの大きな背が、にゅーっと海面に浮かび出た。

7. War **broke** out in Europe in 1939 because Germany invaded Poland.　ドイツのポーランド侵入により、1939年にヨーロッパで戦争が始まった。

④ `break` 窮状・行き詰まりを打開する

8. Japan began to take the initiative to **break** the deadlocked trade negotiations between the two nations.　両国間の貿易交渉の行き詰まりを打開するため、日本は率先して行動し始めた。

9. Michael Jackson was an international superstar, who **broke** (down) racial barriers in the music industry.　マイケル・ジャクソンは音楽業界における人種の壁を打ち破った世界的スーパースターだ。

⑤ `break` 秩序・規律を破る

10. I got a ticket for **breaking** the speed limit.　スピード違反をしたので違反切符を切られた。

⑥ `break` 中断する

11. Let's **break** (= take a break) for lunch.　休憩してお昼にしましょう。

bring

物を持って来る

【解説】

　bringの原義は「物を持って来る」です。客体(持って来る物)は主体に付帯した状態ですから、主体も客体も同じ移動をします。主体は大きく分けると、人が主語になる場合と、物事が主語になる場合があります。人が主語の場合、①「物品を持って来る」(例文1～3)、②「人や動物を連れて来る」(例文4～5)、③「自分の手足を他の部位に持って行く」(例文6～7)などがあります。物事が主語の場合は、④「物事が人の感情や環境の中に変化をもたらす」(例文8～11)場面がほとんどです。

　イラストの中の矢印(⇒)が、読者のみなさんのほうへ向かって来るように描かれています。これはbringが運んで来る物は話し手のいるところが目的地になることを示唆しています。

① `bring` 物品を持って来る

1. Would you please take away these dirty dishes and **bring** me some coffee? お皿を片付けてコーヒーを持って来てくださいませんか？
2. I hope Santa **brings** me what I asked for. サンタさんが、お願いした物を持って来てくれるといいな。
3. Please remember to **bring** cash as there are no ATMs on site. 会場にはATMがないので現金をお忘れなく。(※ATM= Automated Teller Machine)

② `bring` 人や動物を連れて来る

4. May I **bring** my dog to the party? パーティーに犬を連れて来てもいいですか？
5. The father **brought** his assaulted daughter to the police station. 父親は暴行を受けた娘を連れて警察署へ行った。

③ `bring` 自分の手足を他の部位に持って行く

6. My son dislocated his shoulder. He can't **bring** his arm up to his chest. 息子は肩を脱臼したので、腕を胸まで上げられない。
7. The runner walked to the start line, **bringing** her hands up to brush her hair back. 選手は両手で髪を後ろにかきわけながらスタートラインに向かった。

④ `bring` 物事が人の感情や環境の中に変化をもたらす

8. The news of his respected teacher's death **brought** tears to his eyes. 彼は恩師の死去の知らせを聞いて涙ぐんだ。
9. The idea of joining the TPP agreement has **brought** strong opposition from agricultural interests. TPP協定への参加案は農業関係団体からの強い反発を買った。(※TPP= Trans-Pacific Partnership（環太平洋パートナーシップ）)
10. Human industrial activities have **brought** (about) numerous changes in our environment. 人間の産業活動は環境に多くの変化をもたらした。
11. The scandal **brought** his political career to an end. その不祥事で彼は政治生命を断たれた。

build

家を建てる

【解説】

　buildの原義は「家を建てる」です。そこから、部品や材料を組み合わせて①「建造物を築く」（例文1〜3）、焚き木や炭などで②「火をおこす」（例文4）などの意味で用います。ただし、同じ火でも、簡単に着火できるタバコやガスコンロなら light a cigarette とか light a gas burner と言います。また、能力を「高める」や緊張状態が「高まる」など、③「抽象的な事柄を築き上げる」（例文5〜9）ニュアンスで用います。さらに、④「（特定の部品を）組み込む」（例文10〜11）の意味でも用いられます。いずれの場合も build の背景には「時間と労力を費やしてこつこつ築き上げる」ニュアンスがあります。

　名詞形は動詞と同じ build で、⑤「人の体格・体形」（例文12）の意味でよく用います。

① **build**　建造物を築く

1. How many years did it take to **build** the Tokyo Sky Tree?　東京スカイツリーの建設には何年かかりましたか？
2. The government is planning to **build** a bridge across the strait.　政府は海峡にかかる橋を計画中だ。
3. Swallows **build** their nests under the eaves of my house every year.　ツバメが毎年、軒下に巣を作る。

② **build**　火をおこす

4. It will take a little time to **build** a fire with charcoal.　炭で火をおこすのは少し時間がかかります。

③ **build**　抽象的な事柄（能力など）を築き上げる

5. The more confidence you **build**, the more success you are likely to experience.　自信がつけばつくほど、物事はうまくいくようになるだろう。
6. Creating more jobs is the key to **building** a stronger economy.　働き口を増やすことが経済を強くするかぎになる。
7. Doing a crossword puzzle helps you (to) **build** up your vocabulary.　クロスワード・パズルは語彙の増強に役立つ。
8. Our team started well, **building** a 3-1 halftime lead.　我がチームは好調な出だしで、前半を 3-1 でリードした。
9. Tension is **building** up at the Indian-Pakistani border.　インドとパキスタンの国境で緊張が高まっている。

④ **build**　（特定の部品を）組み込む

10. Cameras are **built** into most cell phones.　ほとんどの携帯電話にはカメラが内蔵されている。
11. A crash-prevention system will be **built** in as standard equipment on all new vehicles.　衝突防止装置はすべての新車で標準装備になるだろう。

⑤ **build**　体格・体形

12. My father is of medium **build** and about my height.　父は中肉中背で僕とほぼ同じ背たけです。

call

声をかける

【解説】

　callの原義は「他者に声をかけて相手の関心を呼ぶ」です。声かけの方法は3つあります。①「相手に直接、声をかける」（例文1～2）、②「相手のところに立ち寄って声をかける」（例文3）、③「電話をかける」（例文4～6）があります。「電話をかける」の意は電話の発明(1876年)から十数年を経て一般的になりました。

　さらに、声かけそのものより、「どういうことを声に出して言うのか」に注目して言う場面でも用います。なかでも ④「どういう名前・名目で呼ぶかをはっきり言う→名づける」（例文7～8）場面、あるいは⑤「どう判断したかを声に出してはっきり言う→宣言する」（例文9～10）場面でよく用いられます。試合がワンサイドになるとか、降雨や日没のためなどで⑥「審判が試合の中止を宣告する」（例文11）と、コールド・ゲーム(called game)になります。

① | call | 声をかける |

1. A stranger **called** to me from across the street.　見知らぬ人が通りの向こうから私に声をかけてきた。
2. The store clerk **called** me back as I had forgotten my wallet.　財布を置き忘れていたので、店員は私を呼び止めた。

② | call | 立ち寄る |

3. I often **call** on my grandparents after school.　放課後、よく祖父母の家に立ち寄る。

③ | call | 電話をかける |

4. If you need further information, please email us or **call** our office.　詳細については、メールか電話で事務所までお尋ねください。
5. I'm having trouble understanding you because of the noise in the background. Where are you **calling** from?　後ろが騒がしくてよく聞こえないのだけれど、どこから電話しているの？
6. Someone **called** an ambulance for me and I was transported to a hospital.　誰かが救急車を呼んでくれて、僕は病院へ搬送された。

④ | call | 名づける |

7. What are you going to **call** your new dog?　新しい犬は何という名前にするの？
8. The arrow that appears on the computer screen is **called** a cursor.　コンピュータの画面に現れる矢印はカーソルと呼ばれる。

⑤ | call | 宣言する |

9. "I don't believe you."—"Are you **calling** me a liar?"　「あなたの言うことが信じられないわ」――「僕をうそつき呼ばわりするのかい？」
10. You may **call** the picture art, but I **call** it pornography.　君がこの絵を芸術だと言うのは自由だけど、僕に言わせればポルノだよ。

⑥ | call | 試合の中止を宣言する |

11. The umpire **called** the game (= The game was **called**) because of darkness.　試合は日没コールド・ゲームになった。

carry

物をかかえて運ぶ

【解説】

　carry のつづりの中に car(車)が潜んでいることからも分かるように、原義は「(二輪)車で運ぶ」で、「運ぶ」＋「伴う・持つ」が語義の中核にあります。「運ぶ」の意味が表に出る場合は、当然ながら物の移動が起こります。「伴う、持つ」の意味が色濃い場合は、物の移動は起こりません。

　「物の移動が起こる」のは、①「重量のある物を運ぶ・病原菌を運ぶ」(例文1～2)、②「軽い物を携帯して運ぶ」(例文3～4)、③「光や液体などを管を通して運ぶ」(例文5～6)、④「音声が伝わる・伝播する」(例文7)などがあります。「物の移動が起こらない」のは、⑤「意味・責任・記事などを持つ・伴う」(例文8～10)のような場合です。

　また、carry out〔on/through〕などの成句に⑥「行う」(例文11)の意味があるのは、日本語で「ことを運ぶ」と「ことを行う」が同義になるのに似ています。

① `carry` 重い物・病原菌などを運ぶ

1. Will you help me **carry** the camping gear to the car?　キャンプ用具を車まで運んでくれませんか？
2. Some animals **carry** diseases that are dangerous to humans.　人間にとって危険な病気を媒介する動物がいる。

② `carry` 軽い物を携行する

3. USB sticks are very convenient for **carrying** around data.　USB メモリーはデータの持ち歩きにとても便利だ。
4. I usually **carry** my cell phone around my neck when biking.　僕は自転車に乗るときはたいていケータイを首にかけている。

③ `carry` 管が水などを通す

5. Optical fibers can **carry** much more data and information than conventional copper wires.　光ファイバーは従来の銅線よりもはるかに多量のデータや情報を送ることができる。
6. Veins **carry** blood from all parts of the body back to the heart.　静脈は血液を体の各部から心臓へ送り返す。

④ `carry` 音声が伝わる

7. His voice **carries** well.　彼の声はよく通る。

⑤ `carry` 意味・責任・記事などを持つ・伴う

8. Shoplifting may **carry** a sentence of imprisonment.　万引きは服役刑になることがある。
9. Lawmakers **carry** a heavy burden of responsibility because the laws they make will shape society.　法律は社会のあり方を決めるのだから、法律を作る議員には大きな責任が伴う。
10. This paper **carries** a weekly book review on Sunday.　この新聞は書評欄を毎週日曜日に掲載している。

⑥ `carry out` 行う

11. We should never allow the terrorists to **carry** out attacks on ordinary citizens.　テロリストが一般市民を襲撃することを許してはならない。

catch

動くものをすばやくつかまえる

【解説】

　catchの原義は「動くものをすばやくつかまえる」です。動くものは物、人、乗り物、（飛びかう）言葉など多様です。動いている対象をcatchするには当然ながら①「意識を集中し、すばやくつかまえ」（例文1～4）ます。ところが主体が無意識に、思わずある場面を目でとらえることがあります。「おや？」と感じて視線を投げるわけですから、②「意外な事態を目撃する」（例文5～7）のが通例です。また、人は生活していると想定外のことをしばしばcatchします。つまり③「（不慮・不測の状況に）巻き込まれる」（例文8～9）ことや、④「（身体の一部を何かに）ひっかける」（例文10～11）ことがあります。なかでも、知らぬ間に病原菌をとらえてしまって⑤「発病する」（例文12）ことになったり、火種をとらえてしまって「発火する」（例文13）ことになったりしたら最悪です。

① **catch** すばやくつかまえる

1. I managed to **catch** the glass before it hit the floor. コップが床に落ちる寸前になんとかキャッチできた。
2. The police are doing all they can to **catch** the suspect. 警察は容疑者を逮捕するために全力をあげている。
3. We hurried to the station to **catch** the last train of the day. 終電に間に合うように駅へ急いだ。
4. The old woman mumbled a few words to me, but I couldn't **catch** what she said. 老女は何かもごもごしゃべったが、聞き取れなかった。

② **catch** 意外な事態を目撃する

5. I **caught** some men selling drugs in the alley. 何人かの男が路地で麻薬を密売している現場を目撃した。
6. The thief was **caught** in the act by a surveillance camera. 窃盗犯は盗みを働いているところを監視カメラにとらえられていた。
7. He was **caught** cheating on an exam and suspended for two weeks. 彼はカンニングがばれて2週間の停学になった。

③ **catch** 巻き込む

8. We have been **caught** in a downpour on the way to work. 出勤途中にどしゃ降りにあった。
9. I was **caught** in traffic and missed the flight. 渋滞に巻き込まれて飛行機に乗り遅れた。

④ **catch** ひっかける

10. Be careful not to get your fingers **caught** in the door. ドアで指をはさまないように気をつけなさい。
11. He got his pants **caught** in the barbed wire fence. 彼はズボンを有刺鉄線にひっかけてしまった。

⑤ **catch** 発病する・発火する

12. I've **caught** a cold just before the exam. 試験直前に風邪をひいてしまった。
13. The truck **caught** fire after the crash. トラックは衝突後、火を噴いた。

challenge

権威・難題に挑む

【解説】
　challenge は、カタカナ語の「チャレンジ」では「挑戦」の意味でよく使われますが、英語では少しニュアンスが異なります。challenge の原義は「中傷する・非難する」です。ここから①「(権威に)挑む・食ってかかる」(例文1〜2)→②「難題に挑戦する・立ち向かう」(例文3〜4)と意味が展開します。これを人が立ち向かう対象の側から見ると③「人に難題を与える」(例文5〜6)ことになります。
　名詞形は動詞と同じ challenge で④「難題・難問」(例文7)の意味です。形容詞形は challenging で⑤「(難しいが)魅力がある・(魅力があるが)なかなか難しい・挑戦的な」(例文8〜9)などの意味で使われます。

① **challenge** 権威に挑む
1. The leader of the student union **challenged** the Principal to do away with the dress-code.　生徒会長は服装規定をなくすように校長に迫った。
2. Novak Djokovic **challenged** the call, and it turned out the initial umpire's judge was correct.　ノバク・ジョコビッチは判定に対してビデオ判定を求めたが、審判の判定は正しかった。

② **challenge** 挑戦する・立ち向かう
3. You have no enemies but you; you have to **challenge** yourself.　敵は自分自身にあるのだよ。自分に挑戦すべきだよ。(※challenge oneself=(自己の弱点・能力の限界)に立ち向かう)
4. Computers have become smart enough to **challenge** professional shogi players.　コンピュータはプロ棋士に挑戦できるほど強くなっている。

③ **be challenged** 難題を背負う
5. I'm technologically **challenged**; I belong to the analogue generation.　私は機械が苦手です。アナログ世代の人間ですから。(※be technologically challenged= 機械を使うのが容易でない→苦手である)
6. Dr. Stephen Hawking, an English theoretical physicist, is physically **challenged** with muscular atrophy.　英国の理論物理学者であるスティーヴン・ホーキング博士は筋委縮症を患う身体障がい者である。(※be physically challenged は「身体を動かすのが容易でない→身体的に障がいがある」)

④ **challenge** 難題・難問
7. Destruction of the environment is one of the most serious **challenges** we have to deal with.　環境破壊は我々が取り組むべきもっとも深刻な問題の 1 つである。

⑤ **challenging** 魅力がある・難しい・挑戦的な
8. Sara quit her last job; she saw that it wasn't **challenging** enough.　サラは前の仕事はやりがいがないと思って辞めた。
9. His bitter and **challenging** comments always upset me.　彼の辛辣(しんらつ)で挑発的なコメントにはいつもいらいらさせられる。

charge

責める、課す

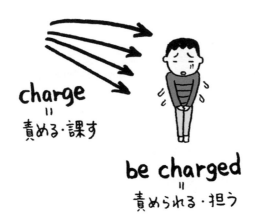

【解説】

　chargeの原義は「(荷車に)荷を詰め込む」です。ここから①「電気を詰め込む→充電する」(例文1)、②「相手に責任を詰め込む→責任を課す」(例文2)、③「相手に責めを注ぎ込む→告発する」(例文3)、④「相手に支払いを迫る→請求する」(例文4～5)→⑤「相手に体ごと突っ込む→突進する」(例文6)のように多様に意味が展開します。

　アメリカのレジでよく聞かれる言い回しにCash or charge?(現金払いですか、それともカード払いですか?)があります。このchargeには「クレジットカードに代金を負わせる」の意味が底に流れています。

　chargeの名詞用法も、同様に⑥「充電・責任・告訴・請求・突進」(例文7～11)の意味があります。

① `charge` 充電する

1. How often do you need to **charge** your cell phone?　君の携帯電話はどれくらいの頻度で充電しなくてはいけないの？

② `charge` 責任を課す

2. This section has been **charged** with the development of sports in the region.　この部署は地域のスポーツ振興を担(にな)っている。

③ `charge` 告発する

3. The court determined there was not enough evidence to **charge** the accused.　裁判所は被告を告訴する十分な証拠はないと判断した。

④ `charge` 請求する

4. What did they **charge** for the repair of your computer?　パソコンの修理にいくら請求してきましたか？
5. We won't **charge** you for delivery.　配達料はいただきません。

⑤ `charge` 突進する

6. The bull put its head down and **charged** (at) the bullfighter.　牛は頭を低くして闘牛士に突進していった。

⑥ `charge` 充電・責任・告訴・請求・突進

7. This electric car runs about 320 kilometers on a single **charge**.　この電気自動車は1回の充電で約 320 キロ走る。
8. The son took **charge** of the store after his father's death.　父の死後、息子が店の経営を引き継いだ。
9. An employee accused her boss of harassment, but no **charges** were filed and the case was closed.　従業員が上司をパワハラで訴えたが、不起訴となり事件は決着した。
10. There were some strange **charges** on my credit card.　クレジットカードに覚えのない不審な請求がいくつかあった。
11. In sumo, the initial **charge** is extremely important in gaining the momentum over your opponent.　相撲では最初の突進〔立ち合い〕が相手を上回る勢いを得るためにとても重要だ。

come

来る

【解説】

　come は日本語にすると「来る」になったり「行く」になったりで、ちょっと戸惑うことがあります。基本的に come は ①「相手がこちらへ向かう」（例文1～2）場合と、「こちらが相手のほうへ向かう」場合があります。相手がこちらへ向かう場合、come は日本語の「来る」と合致します。こちらが相手のほうへ向かう come は ②「来る」（例文3）になることもありますが、多くの場合は ③「行く」（例文4～5）に相当します。これは「相手側から見ると、話し手の姿が次第に大きくなって向かって来る」というイメージです。

　このように「到来」を意味する come は比喩的に ④「物事・事態が起こる」（例文6～9）→ ⑤「考えが起こる」（例文10～12）の意味でよく使われます。「来る→発生する・現れる」のように展開するのは、日本語でも「事件」や「事柄」のことを「出"来"事」あるいは「出来（しゅったい）」と表現するのと同じ発想と言えましょう。

① **come** 相手がこちらへ向かう〔来る〕

1. The group will go to Kyoto first, and then they will **come** to Tokyo.　一行はまず京都に行き、それから(私たちのいる)東京に来ます。

2. I've got some friends **coming** for a meal tonight. Can you **come** too?　今晩、食事会に友だちが来るけど、君も来られますか？

② **come** 相手のほうへ向かう（日本語では「来る」）

3. I've **come** to ask you if you will sign the petition against nuclear testing.　核実験反対への署名をしていただけないかと思って伺いました。

③ **come** 相手のほうへ向かう（日本語では「行く」）

4. "I'm having trouble with my computer. Would you take a look at it?"—"Sure. I'll **come** right now."　「パソコンの調子が悪いの。診てくれない？」――「いいよ、今すぐ行くよ」

5. My son is down with a cold. He can't **come** to school today.　(学校への電話連絡で)息子が風邪をひいてしまいました。今日は登校できません。

④ **come** 物事・事態が起こる

6. The rainy season **comes** in June and lasts for about 40 days.　6月になると梅雨に入り、ほぼ40日間続く。

7. The baby **came** earlier than we had expected.　赤ちゃんは思っていたよりも早く生まれたのよ。

8. My fiancée's visit **came** at an awkward moment when I was with another girl.　僕の婚約者はタイミングの悪いことに、僕が別の女の子といるときに訪ねて来た。

9. Physical symptoms may **come** from emotional stress.　身体的症状は精神的ストレスから起こることがよくある。

⑤ **come** 考えが起こる

10. What kind of scene **comes** to you when you hear this tune?　この曲を聴くとどんな情景が思い浮かびますか？

11. It suddenly **came** to me that I had once met the woman somewhere.　ふとその女性にどこかで会ったことがあると思った。

12. Suddenly a wonderful idea **came** to me.　いい考えがひらめいた。

commit

ある状況へ追い込む

commit

【解説】
　commit は英和辞典では「言質を与える・委ねる・罪を犯す」などと訳され、1つのイメージとして捉えることが難しい語です。しかし、定訳にあるようなさまざまな意味の背後には「com（強いて）mit（送る）→強いてある状況・状態へ追い込む」という共通のイメージがあります。あることをするように言葉で自己を追い込むのが①「約束する」（例文1～4）、あることをするように気力で追い込むのが②「打ち込む」（例文5～8）、自己を悪行へ追い込むのが③「罪を犯す」（例文9～11）と解釈できます。追い込むときには覚悟を持って commit する訳ですが人生はままなりませんから、本意や倫理に反して覚悟することも起こります。不本意ながら自己を追い込んでしまうのが犯罪や自殺です。指切り（イラスト）の約束は、嘘をついたら針千本を飲む覚悟でなされます。

① **commit oneself** （言葉で自己を追い込む）約束する

1. Don't **commit** yourself until you're sure you can.　できると確信するまでは約束してはだめだよ。
2. You should think carefully before **committing** yourself to taking out a loan.　ローン契約をする前に、しっかり考えてみないといけないよ。
3. Mothers with young children are often reluctant to **commit** themselves to a full-time job.　幼い子どもを持った母親は、フルタイムの仕事に従事することをためらいがちだ。
4. I said I might be interested in the job but I haven't **committed** myself yet.　私はその仕事に興味があると言ったが、まだ決めかねている。

② **be committed** （気力で追い込んで）打ち込む

5. The prime minister announced that the administration is **committed** to making every effort to rebuild the economy.　首相は政府が経済の再建に全力を尽くすことを明言した。
6. Mothers working at our company are no less **committed** to their jobs than are other employees.　我々の会社で働く母親は、他の従業員に少しも劣ることなく熱心に仕事をする。
7. Many young people, both men and women, have become less **committed** to marriage.　多くの青年男女が昔ほど結婚にこだわらなくなっている。
8. He has long been **committed** to abolishing racial segregation in South Africa.　彼は、南アフリカの人種差別の廃止に長年尽力してきた。

③ **commit ＋ 悪行** （自己を悪行に追い込んで）罪を犯す

9. The suspected murderer **committed** suicide by hanging himself.　殺人の容疑者は首つり自殺した。
10. I think the punishment is too lenient to deter them from **committing** further offenses.　その処罰は寛大すぎて、彼らの再犯防止には役立たないと思う。
11. In some Islamic countries, there are cases where women who **commit** adultery are executed.　イスラム諸国の中には、不貞を働いた女性は死刑に処せられることがある。

compromise

折り合う

compromise

【解説】

　compromise の原義は「com(共に)pro(前に)mise(送る)→双方が(意見を)を繰り出す」です。ここから①「意見を出し合う→(双方に利があるように)たがいに折れる→折り合う・妥協する」(例文1～4)→②「(完全を)損なう・傷つける」(例文5～9)のように意味が展開します。「たがいに折れる→完全を損なう」という意味の展開は「折れ合う→完全であるための必要条件をあきらめる→(完全を)損なう」という過程からです。

　イラストは「たがいの一部を欠損することによって歩み寄りができる」、あるいは「歩み寄ることによって、たがいの一部を欠損する」という compromise の両義を描いたものです。

　なお、名詞用法においては、通例③「妥協・歩み寄り」(例文10～11)の意味で用います。

① **compromise** 折り合う・妥協する

1. Neither side was really willing to **compromise**.　双方とも譲歩する気が少しもなかった。

2. You should know when it is appropriate to **compromise** and when not to.　妥協すべき場合とそうでない場合を心得るべきである。

3. You should learn how to **compromise**; it is always better to bend a little than break a good relationship.　相手と折り合う術を覚えなさい。いつだって、よい関係をこわすよりも少しだけ譲るほうがいいに決まっているのだから。

4. There was a hot discussion about whether to refuse or **compromise**.　拒否するか、妥協するかについて激しい討論が行われた。

② **compromise** （完全を）損なう

5. Low tire pressure can **compromise** your fuel efficiency.　タイヤの空気圧が低いと燃費効率が悪くなる。

6. As soon as you **compromise** your principles you are lost.　信念を曲げたらそこで負けになる。

7. Sprinters are liable to **compromise** proper form for speed and intensity.　短距離選手は速く走ろうと力んで適切なランニングフォームを乱すことがよくある。

8. Many women think that having children has **compromised** their career growth.　子どもを持ったことが昇進の妨げになったと考える女性が多くいる。

9. He **compromised** his back with too much weight training.　彼はウエイト・トレーニングのやりすぎで背中を痛めた。

③ **compromise** 妥協・歩み寄り

10. After lengthy talks the two sides finally reached a **compromise**.　長い話し合いを経て双方はようやく妥協した。

11. Most consumers gravitate toward a middle brand, feeling it is the best **compromise** between price and quality.　たいていの消費者は値段と品質の兼ね合いがよいと考えて中流ブランド品を選ぶ傾向がある。

cost

費用がかかる

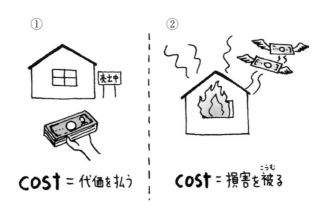

【解説】

　カタカナ語の「コスト」は日本語として定着していますが、元の言葉であるcostの原義は「co(共に)st(＝stand 立つ)→共起する(＝同時に発生する)」です。具体的に、次のような2つの事象で説明できます。① 物品を購入すると同時に発生する「代価・代金を支払う」(例文1～3)という行為と、② 不運や災難を被ると同時に発生する「犠牲になる・損害を被る」(例文4～6)という結果です。語義の歴史を見ても「代金を支払う→損害を被る」の順で展開しています。

　また、costの名詞用法でも同様に、③「代金・費用」(例文7～9)、④「犠牲・損失」(例文10～12)の意味で用います。

① **cost** 代価・代金を支払う

1. Do you know how much it **costs** to fly to Guam?　グアムまで飛行機で行くと、いくらかかるか知ってる？
2. The project will **cost** 2 million yen to carry out.　その計画の実行には200万円かかる。
3. My dad had an emergency operation that **cost** him about 100,000 yen.　父の緊急手術に約10万円かかった。

② **cost** 犠牲になる・損害を被る

4. Increasing the corporate tax rate would hurt small businesses and **cost** many thousands of jobs.　法人税率を引き上げると中小企業に痛手を与え、何千もの働き口が失われるだろう。
5. That tennis player underwent an operation on his elbow that will **cost** him the rest of the season.　あのテニス選手は肘の手術をしたので、今シーズンの残りの試合を全部棒に振ることになるだろう。
6. The bad call by the referee **cost** us one goal in the game.　（ボールはゴールしていたのに）誤審のために我がチームは1得点を損してしまった。

③ **cost** 代金・費用

7. We sell this below **cost**.　当店ではこれを原価割れで売ります。
8. Generally, the **cost** of living in cities is higher than in the countryside.　一般的に生活費は都会のほうが田舎より高い。
9. We have had to raise our prices because of the rising **cost** of fuel.　燃料費の高騰で価格を上げざるを得なかった。

④ **cost** 犠牲・損失

10. How do they determine the **cost** of an earthquake?　地震の損害額はどのように計算するのですか？
11. The father saved his son from drowning at the **cost** of his own life.　父親は溺れている息子を助けたが、自分は命を落とした。
12. David worked non-stop for three months, at considerable **cost** to his health.　デービッドは3か月間休みなく働いて健康をひどく害した。

count

数える

【解説】

　count の原義は「数える」です。ここから①「数量を数える・計算する」(例文1～3)→②「(数や条件を)考慮に入れる」(例文4～5)→③「数える対象・考慮する対象である→重要である」(例文6～7)と展開します。熟語表現 count on は④「～を頼りにする」(例文8)の意味でよく使われます。これは「count(考える)＋on(～に依存する)→～を依存の対象として考える」というニュアンスです。

　名詞用法では⑤「勘定・合計数」(例文9～10)の意味で用います。ちなみに、銀行やパブなどのカウンター(counter)は「お金を勘定する机」に由来しています。

① **count** 数量を数える・計算する

1. Can you **count** from 1 to 10 in Chinese?　中国語で 1 から 10 まで数えられる？
2. There are two weeks left until the end of summer vacation, **counting** from today.　夏休みは今日から数えてあと 2 週間で終わる。
3. I **count** my calories so that I will maintain a healthy weight.　健康的な体重を維持するためにカロリー計算をしている。

② **count** （数や条件を）考慮に入れる

4. If you can't finish the test within the allotted time, questions that are not answered will be **counted** as wrong answers.　制限時間内でやり残した問題は不正解とみなされます。
5. I **count** the benefits of friends as essential to our well being.　友人関係から得られる恩恵は、私たちの幸せにとって不可欠な要素と考える。

③ **count** 重要である

6. It's not what you say but what you do that **counts**.　大切なのは発言じゃなくて行動だ。
7. What we have done does not **count** as much as what we need to do.　何をやったかよりこれから何をすべきかが重要だ。

④ **count on** 〜を頼りにする

8. Stop being so negative. Many team members are **counting** on you.　弱気になるのはよそうよ。多くのチームメートが君を頼りにしているのだよ。

⑤ **count** 勘定・合計数

9. Oh no, I lost (my) **count**! I have to start all over again.　いけない、どこまで数えたか分からなくなったわ！　始めからやり直さなくちゃ。
10. What is normal red-blood-cell **count** in a grown-up person?　大人の正常な赤血球数はどれくらいですか？

cover

覆う

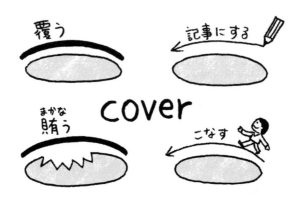

【解説】

　cover の原義は「すっぽり(co)覆う(ver)」です。ここから①「覆う→物の上に広げる」(例文1〜4)と展開します。さらに比喩的に②「(費用などを)賄う・(損失を覆うかのように)補償する」(例文5〜6)→③「(事件などを(覆うかのように)取材する→記事にする」(例文7〜8)→④「(ある距離・仕事を(端から端まで覆うかのように)カバーする→(距離・仕事を)こなす」(例文9〜10)と展開しています。

　名詞用法では、おもに⑤「表紙」(例文11)の意味で用います。表紙の表裏を区別するときは、front cover、back cover と言います。

① **cover** 覆う

1. You should **cover** your mouth when you cough in public.　人前でせきをするときは、口を覆わないといけない。
2. **Cover** the burn with a sterile bandage or gauze and get medical care.　やけどをした箇所を滅菌した包帯かガーゼで覆い、医者に診てもらいなさい。
3. The ground and paths were densely **covered** with colorful fallen leaves.　地面も小道も色鮮やかな落ち葉ですっかり埋まっていた。
4. What proportion of the Earth's surface is **covered** by water?　地球の表面の何割が海に覆われていますか？

② **cover** 賄う・補償する

5. Does this scholarship **cover** the fees and living costs?　この奨学金は授業料と生活費を含んでいますか？
6. The insurance policy does not **cover** damage caused by normal wear and tear.　この保険では通常の使用による劣化は補償していません。

③ **cover** 記事にする

7. The travel guide **covers** all the museums and historic places in the region.　その旅行案内書は、その地方の博物館や名所旧跡をすべて網羅している。
8. Robert is a reporter, currently **covering** events in Iraq for *The Guardian*.　ロバートは報道記者で、今はイラクを取材して「ガーディアン紙」に記事を書いている。

④ **cover** (距離・仕事を)こなす

9. I **covered** 42 kilometers in 3 hours and 45 minutes.　僕は42キロを3時間45分で走った。
10. The pitcher needed just 85 pitches to **cover** those nine innings.　その投手は9イニングをこなすのにわずか85球を要しただけだった。

⑤ **cover** 表紙

11. There's a picture of the author on the book's back **cover**.　著者の顔写真が裏表紙にある。

cut

切り離す、切り込む

【解説】

　cut の原義は「切る」です。ここでは cut の目的語を取り上げて、2つの基本義(切り離しと切り込み)がどのように区別されてイメージできるか見てみましょう。日常的に用いられる cut の目的語は大きく分けると次の4つに分けられます。① 身体の部位(例文1〜4)、② 紙や食べ物(例文5〜6)、③ 場所や大地(例文7〜8)、④ 数量(例文9〜11)。イメージの違いについては各例文の後に注(※)として付記してあります。

　例文に見られるように cut だけでは切り方を十分に描写できないときは、away、down、off、out、through などを組み合わせて切り方の様子を明確に描きます。また、cut には目的語を取らない自動詞用法もあります。その場合は、刃物が主語になりその切れ味について言及します：This knife cuts well. (このナイフはよく切れる)

① cut ＋ 身体の部位

1. I **cut** my finger with the kitchen knife.　包丁で指を切ってしまった。（※切り込む）

2. The nail artist soaked my nails for a few minutes before she **cut** them.　ネイルアーティストは2、3分私のツメを浸してからツメを切った。（※切り離す）

3. I often **cut** myself when shaving in a hurry.　僕は急いでひげを剃って肌を切ることがよくある。（※切り込む）

4. The little girl cried when she saw her father killing a turkey by **cutting** its throat.　父親が七面鳥ののどを切って殺すのを見て少女は泣き出した。（※切り込む）

② cut ＋ 紙・食べ物

5. **Cut** the paper carefully along the dotted line.　点線にそって紙を丁寧に切りなさい。（※切り込む）

6. Don't throw the whole apple away! Just **cut** the rotten part away. (= Just **cut** out the bad part.)　そのリンゴ、丸ごと捨てないで！ 腐っているところを切り落としなさい。（※切り離す）

③ cut ＋ 場所・大地

7. In Amsterdam many canals **cut** through the city as they do in Venice.　アムステルダムではベニスと同じように、多くの運河が市内にはり巡らされている。（※切り込む）

8. A lot of commuters and students **cut** through the shopping mall to the station.　多くの通勤者、通学生がショッピングモールを通り抜けて駅へ近道する。（※切り込む）

④ cut ＋ 数量

9. I'm trying to **cut** down on fat and sugar.　脂肪と砂糖を減らそうと頑張っているわ。（※切り離す）

10. Because of the recession, salaries in our company have been **cut** by 10 percent.　不景気で給料が10％削られた。（※切り離す）

11. The government decided to **cut** (down on) expenditures by five percent this year.　政府は今年度の経費の5％削減を決定した。（※切り離す）

deliver

配達する

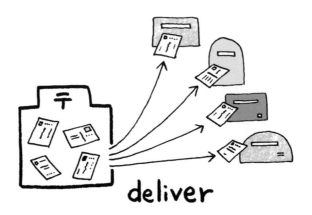

【解説】

　deliver はラテン語の liberare(解放する)に由来し、原義は「外して(de)自由にする(liver)」です。deliver は「配達する」「演説する」「出産させる」「打撃を加える」「公約を果たす」などと訳され多様な意味を持ちますが、これらに共通しているのは「狭小な場に囲まれているものを広々とした場所へ解き放つ」というイメージです。

　①「配達する・配信する」(例文1〜2)、②「演説する・申し渡す」(例文3〜4)、③「出産させる」(例文5〜6)、④「打撃を加える」(例文7〜8)、⑤「公約を果たす」(例文9〜10)には、いずれも「狭小な場」と「放たれたものが到達するところ」が潜んでいます。イラストでは「配達する」の例をイメージとして描いていますが、各例文の後に注(※)として、「狭小なところ→放たれるもの→その到達点」に相当する場所を付記しています。

① **deliver** 配達する・配信する
1. We have our milk **delivered** every other day.　我が家では、牛乳を一日おきに配達してもらっている。(※店舗→牛乳→各戸)
2. The company started **delivering** music digitally to people through their smartphones.　その会社は、スマートフォンを使ったデジタル方式の音楽配信を始めた。(※会社→音楽→視聴者)

② **deliver** 演説する・申し渡す
3. Martin Luther King **delivered** his most famous speech "I Have a Dream" in the summer of 1963.　マーティン・ルーサー・キング牧師は、彼のもっとも有名な「私には夢がある」の演説を1963年の夏に行った。(※口腔→演説→聴衆)
4. The court is due to **deliver** its final verdict on the issue of gun control next month.　裁判所は銃規制に関する最終判決を来月下すことになっている。(※法廷→判決→国民)

③ **deliver** 出産させる
5. A baby giraffe was **delivered** at Ueno Zoo.　キリンの赤ちゃんが、上野動物園で生まれた。(※子宮→赤ちゃん→外界)
6. The medical team **delivered** the baby by Cesarean section.　医師たちはその赤ちゃんを帝王切開で出産させた。(※子宮→赤ちゃん→外界)

④ **deliver** 打撃を加える
7. Ichiro **delivered** a walk-off single for a 2-1 victory over Boston Red Sox.　イチローはサヨナラヒットを放ち、ボストン・レッドソックスに2対1で勝利した。(※バット→飛球→フィールド)
8. The typhoon **delivered** a body blow to the Kinki Region.　台風は近畿地方に大きな被害をもたらした。(※台風→打撃→近畿地方)

⑤ **deliver** 公約を果たす
9. He is determined to **deliver** what he promised in the campaign.　彼は選挙で公約したことを実行しようと決心している。(※彼→公約→実現)
10. Our party won't promise what we can't **deliver**.　我が党は実現できないことを公約しない。(※党→公約→実現)

describe

描写する

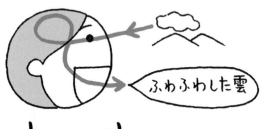

【解説】

　describe の原義は「de(下へ)scribe(書きつける)」で、ここから基本義は「描写する」です。描写は絵筆を用いてスケッチすることも可能ですが、describe の①「描写する」(例文 1〜7)とは、「文字・言葉を手段として対象をありのままに述べ、記す」ことを言います。描写すべき対象とは目にしたことや心の中に浮かんだ思いです。describe を端的に言えば、「対象を言葉によってスケッチする」ことです。名詞形は description で②「描写・記述」(例文 8〜10)などの意味があります。

　私たちは意思疎通のために、目にする光景や心の内にある思いを describe しなければなりません。そのための手段として、文章にして書いたり (write)、言葉にして発言したり (tell) します。

① describe　描写する

1. What word best **describes** your hometown?　あなたの故郷をひと言で表現するとどうなりますか？

2. I had no words to **describe** the amazing sight of the setting sun over the Pacific Ocean off Hawaii.　ハワイ沖の太平洋に夕日が沈んでいく光景のすばらしさに言葉を失くした。

3. The man who fled the scene was **described** as being tall, dark and in his early 20s.　現場から逃走した男は長身で、浅黒く、20代前半だったそうだ。

4. A police spokesman **described** the victim's injuries as not life-threatening.　警察発表によれば、被害者の傷は命に別条はないということだ。

5. The Battle of Gettysburg, which broke out in July of 1863, is **described** by many historians as the turning point of the Civil War.　1863年7月に起こったゲティスバーグの戦いは、南北戦争の転換点であったことを多くの歴史家が指摘している。

6. Write an essay of about 1,000 words **describing** your ideal school life.　理想の学校生活について、約1,000語のエッセーを書きなさい。

7. Tell about yourself **describing** your strengths, goals, and past experiences.　（面接試験で）君の長所、目標、経験などを話してください。

② description　描写・記述

8. The boy's **description** of what happened was inconsistent with the evidence officers found at the crime scene.　少年の供述（＝事件の描写）は警察が犯行現場で発見した証拠と食い違っていた。

9. Police have issued a **description** of the suspect on the loose.　警察は逃走中の容疑者の人相を公表した。

10. The room that we were assigned was filthy beyond **description**. The carpet was stained and smelled.　僕たちが割り当てられた部屋は言葉では言い表せないほど汚れていた。カーペットにはしみがあり、臭かった。

deserve

~に値する

【解説】

　deserve の原義は「de(十分に)serve(価値がある)→(行為や事柄が評価・賞罰を)受ける十分の価値がある」です。これは①「善行がそれに付随する報酬や評価に値する」(例文1～7)、②「悪行がそれに付随する罰や不都合に値する」(例文8～12)と解釈できます。

　適切に対応する日本語訳がないので、私たちにはニュアンスを捉えるのが難しい単語ですが、「人の行動と賞罰の公平感を求める人間の感情」、つまり「因果応報」「自業自得」「まかぬ種は生えぬ」といった心理を映し出している言葉です。

① **deserve**　報酬や評価に値する

1. "I'm thinking of taking a week off."—"Well, you've been working day and night. You **deserve** it."　「1週間休みを取ろうと思っているんだ」── 「君は昼も夜もなく働いているのだから、休暇をもらうのは当然だよ」

2. The sales staff **deserves** a bonus for such a good performance in the first half year.　営業社員たちは、上半期に好成績をあげたのだから賞与をもらって当然だ。

3. Welfare benefits should be given only to those who really **deserve** them.　生活保護は本当に受給を必要とする人たちだけに与えられるべきだ。

4. I hate to say this, but you don't **deserve** the salary you receive.　言いたくはないけど、君は給料分の働きをしていないよ。

5. Why don't you publish your opinion officially? When you just tweet, you don't get the attention you **deserve**.　君の意見を正式に発表したらどうですか？　ツイートするだけでは、せっかくの世間の関心を集められませんよ。

6. Contributors **deserve** to know where their money is going and for what purpose.　寄付をした人はお金の使い道について知る権利がある。

7. I sincerely hope that you give this issue the careful thought it **deserves**.　この件に関して（しかるべき）熟慮をしていただけることを望んでいます。

② **deserve**　罰や不都合に値する

8. I certainly said some harsh things to John, but he **deserved** it.　ジョンには確かにひどいことを言ったが、当然のことだよ。

9. The man killed five people randomly. He **deserves** the death penalty.　その男は5人を無差別に殺した。死刑が当然だよ。

10. Drunken drivers **deserve** to be punished more severely.　飲酒運転はもっと厳罰に処するべきだ。

11. "Do you feel sorry about Bob's demotion?"—"No, he got what he deserved."　「ボブが降格したのを気の毒に思いますか？」── 「いいえ、当然の報いですよ」

12. The manager said those apathetic players got what they **deserved**.　監督は、無気力な選手は（先発から外されるなどの）当然の報いを受けたと言った。

発達する

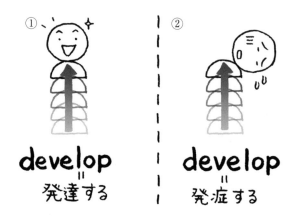

【解説】

　develop の原義は「de(解く)velop(包み)→包みをほどく」です。植物の種が殻を破ってだんだんと伸びていくイメージです。種(=原因)には良性のもの、悪性のものが当然あります。良性の種が殻を破れば①「発展・発達・開発が進み、新しいものが生まれる」(例文1〜5)ことになります。悪性の種が殻を破ると②「(病気が)発症・悪化する、(問題が)深刻化する」(例文6〜9)ことになります。なお、-velop-(=包み)という綴りを含む単語にenvelope(封筒)があり、「en(中に)包み込む」が原義です。

　名詞形の development には③「成長・発展・(開発された)土地」(例文10〜12)の意味がありますが、悪いイメージで用いることはありません。

① **develop**　発展・開発する、新しいものが生まれる

1. I'm relieved to know that my baby is **developing** normally.　おなかの赤ちゃんが順調に育っていると知って安心した。
2. The confectionery firm is working on **developing** a chewing gum that prevents tooth decay.　その製菓会社は虫歯予防になるチューインガムの開発に取り組んでいる。
3. The site is being **developed** by a real estate company.　その用地は不動産会社によって開発されている。
4. The company has **developed** new software and is going to market it next month.　その会社は新しいソフトを開発し、来月発売する予定だ。
5. Most children start to **develop** a sense of right and wrong by the age of four.　4歳頃になると、ほとんどの子どもは次第に善悪の判断がつくようになる。

② **develop**　(病気が)発症・悪化する、(問題が)深刻化する

6. My son **developed** asthma when he was two.　息子は2歳の時、ぜんそくになった。
7. The plane **developed** engine trouble shortly after takeoff.　飛行機は離陸直後にエンジントラブルを起こした。
8. A financial crisis was gradually **developing** in Greece.　ギリシャでは財政危機がだんだんと深刻化していた。
9. Tension **developed** between Japan and China over the Senkaku islands.　尖閣諸島を巡って日中間で緊張が高まった。

③ **development**　成長・発展・(開発された)土地

10. Parental love is crucial to the **development** of children.　親の愛情は子どもたちの成長にとって、とても重要である。
11. We need to work out a program for the **development** of marine resources.　海洋資源の開発のための事業計画を作る必要がある。
12. This area is practical for a small housing **development**.　この地域は小規模の宅地造成に適している。

do

~をする

【解説】

　doの原義は「物事を行う」です。doの定訳は「する」ですが、単に「する」ではなく、「ちゃんとする」の意味合いがあります。doが目的語を取る場合と取らない場合があります。目的語を取る場合は、生活のために①「(職業として)働く」(例文1)、②「しっかり対応する・やり終える」(例文2～3)、③「こなす・処理する・～を行う」(例文4～7)のようなニュアンスがあります。例文では割愛していますが、do teaching(教える)、do sports(スポーツをする)、do exercises(運動する)、do lunch(一緒にランチする)、do one's teeth(歯をみがく)、do the laundry(洗濯する)のような表現もあります。

　doは本来は他動詞であるために目的語を取らない場合でも目的とするものが背景に感じられ、④「生活をちゃんとしていく・物事をちゃんと進める」(例文8～11)、あるいは⑤「物事・行為が目的にかなう」(例文12～14)のようなニュアンスを含んでいます。

① **do** （職業として）働く

1. What do you **do**? (= What is your job?)　お仕事は何をされていますか？

② **do** しっかり対応する・やり終える

2. There's nothing we can **do** about the situation.　その状況はいかんともし難い。
3. Did you get your article **done** in time?　記事は締め切りに間に合いましたか？

③ **do** こなす・処理する・〜を行う

4. This hybrid car **does** over thirty kilometers to the liter.　このハイブリッド車はリッター30キロ以上走る。
5. Why am I always the one who has to **do** the dishes?　どうして僕だけがいつも皿洗いをしなきゃいけないの？
6. I helped my mom **do** the flowers for my brother's wedding.　私は、兄の結婚式で母が花を飾るのを手伝った。
7. I like the way you've **done** your hair.　あなたの髪型すてきよ。（※do one's hair= 髪をセットする）

④ **do** 生活をちゃんとしていく・物事をちゃんと進める

8. How are you **doing**? (= How are you?)　お元気ですか？
9. Both mother and baby are **doing** well.　（産後の）母子ともに元気です。
10. She **does** well in math but badly in history.　彼女は数学はできるが歴史の成績が悪い。
11. Unemployment rate statistics help us to understand how the economy is **doing**.　失業率を見ると景気の動向を知る手がかりになる。

⑤ **do** 物事・行為が目的にかなう

12. These sneakers won't **do** for the party.　このスニーカーではパーティーに行けないよ。
13. There are 45 people; the school's microbus won't **do**.　総員45人なので学校のマイクロバスでは間に合いません。
14. It doesn't **do** to be too strict with your kids.　子どもに厳しすぎるのは得策ではない。

doubt

〜かどうか疑う

【解説】

　doubt の原義は「2者(= double)の間で迷う」です。ここから「2つの考えを持つ→1つの考えにまとまらない→〜かどうか疑う」と「提示されたものを疑う→(2つ目の考えは必然的に提示の否定なので)〜でないと思う」のように展開します。

　「〜かどうか疑う」と「〜でないと思う」の意味合いの違いは構文から生まれます。doubt whether〔if〕の場合は①「2つの意見が考えられる(白黒はほぼ五分五分)→〜かどうか疑う」(例文1〜2)、doubt (that)の場合は、②「提示された考え・内容を疑う→〜ではないと思う」(例文3〜8)となります。

　トランプ・ゲームの1つにダウトがあります。裏返しに提示されたカードの内容について「ダウト！」とコールした場合は「ウソだ！(= I doubt it!)」と言っているのです。「疑う！」では決着がつきません。

　名詞用法でも③「(〜についての)疑い・(〜かどうかの)疑問」(例文9〜10)の意味で用います。

① **doubt whether [if]** 　～かどうか疑う

1. The hall was larger than he thought, and he **doubted** whether his voice would carry far enough.　会場は彼が思ったよりも広く、声が隅まで届くだろうかと思った。

2. Tony is so shy. I **doubt** whether he ever picked up a woman in his life.　トニーはとても恥ずかしがり屋だ。女性に声をかけたことがあるのだろうか。

② **doubt** 　～ではないと思う

3. I **doubt** Jennie will accept my son's proposal of marriage.　ジェニーは息子のプロポーズを受けてくれないと思う。

4. I **doubt** I can improve my eyesight with this supplement.　このサプリメントで視力がよくなるとは思えない。

5. Many **doubt** North Korea's commitment to working on the Japanese abduction issue.　日本人拉致問題に取り組むと言う北朝鮮の約束を信用できないと思う人が多い。

6. "Do you think the Tigers can come from behind and win the league championship?"—"I **doubt** it."　「タイガースが逆転でリーグ優勝すると思う？」──「それは無理でしょう」

7. "Do you think there'll be any survivors left in the sunken ship?"—"I would like to think so, but I **doubt** it."　「沈没した船に生存者がまだいると思いますか？」──「そう思いたいけど、いないと思うよ」

8. Doing business in Tokyo was challenging, but I've never **doubted** that it was the right decision.　東京で事業をするのは容易ではないが、それは絶対に正しい決断だったと思う。

③ **doubt** 　疑い・疑問

9. A DNA examination has cast **doubt** on the guilt of a man who is going to be executed soon.　間もなく死刑執行が予定されている死刑囚の犯罪に関して、DNA鑑定が疑いを投げかけた。

10. The ace striker's presence in the World Cup had been in **doubt** ever since he underwent knee surgery last year.　エースストライカーのワールドカップ出場は去年受けた膝の手術以後、疑問視されていた。

drive

追い立てる

【解説】

　牛飼いが「牛の群れを追い立てる」が原義です。ここから、①「御する(＝コントロールする)のがやっかいな対象(動物の群れ・車輛・くぎなど)をうまく操り、推進させる」(例文1〜3)の意味が生まれます。さらに、②「人の心を駆り立てる・突き動かす」(例文4〜7)の意味に展開します。

　名詞用法では、③「運転」(例文8)のほか、「気力」「(社会)運動」(例文9〜10)の意味で使われますが、いずれも「やっかいなことを推し進める力」という意味合いが底に流れています。

　また形容詞の driving には、④「推進する・激しい」(例文11〜12)の意味もあります。「drive(追い立てる)＋ing(ような)」と分解してみると、語感を得る助けになるでしょう。

① | drive | 御するのがやっかいな対象をうまく操る |

1. Cowboys would **drive** cattle to market before the invention of trucks and trains.　トラックや列車の発明以前は、カウボーイが牛を追い立てて市場へ運んでいた。
2. Can you **drive** this eight-wheel truck?　この8輪駆動のトラックを運転できますか？
3. **Drive** the nails carefully to avoid splitting the plank.　板が割れないように、慎重にくぎを打ち込みなさい。

② | drive | 人の心を駆り立てる |

4. Tom is late again; he's **driving** me crazy.　トムはまた遅刻だ。あいつって頭にくるよ。
5. You should slow down. You're **driving** yourself too hard these days.　もっとゆっくりしなよ。最近、頑張りすぎているよ。
6. Young people are more likely to be **driven** by emotions.　若者はとかく感情にかられがちだ。
7. My mom's continuous nagging **drove** me into running away from home.　母さんの執拗な小言に耐えかねて家出した。

③ | drive | 運転・気力・(社会)運動 |

8. The sports-park is a five-minute **drive** from here.　スポーツ公園はここから車で5分ほどのところにある。
9. Tom is talented enough, but he lacks **drive** and determination.　トムは才能があるのに、気力や根性がない。
10. Japan should lead the **drive** to create a nuclear-free world.　日本は核なき世界をつくる運動の先端を切るべきだ。

④ | driving | 推進する・激しい |

11. Consumer spending is the **driving** force behind economic growth.　個人消費が経済成長の原動力である。
12. We had a **driving** rain all night long.　一晩中ひどい吹き降りだった。

expect

起こるだろうことに思いをはせる

【解説】

　expect の原義は何かを求めて「ex(外へ)pect(目を向ける)」です。ここから「起こるだろうことに思いをはせる→ある事柄・状態が起こるであろうと思う」という意味が生じます。こうした予測は何らかの根拠を前提とするもので、現実になる確率が高いことを含意しています。

　「外へ目を向ける」から、look forward to (前方に目を向ける→心待ちにする)という肯定的な意味の連語が思い浮かびます。しかし、expect は①「好ましい内容を期待する」(例文 1〜4)に限らず、②「中立的な内容を予期する」(例文 5〜10)、さらには、③「望ましくない内容を予想する・予測する」(例文 11〜12)のいずれをも対象とします。She's expecting. は She's pregnant. (妊娠している)の婉曲表現ですが、文脈によって初めて望ましいことかそうでないかが分かります。

① expect　好ましい内容を期待する

1. You should not **expect** something for nothing.　棚からぼた餅(＝ 労せずして幸運に巡り合うこと)を期待してはいけない。

2. His performance in this game was a bit disappointing; I **expected** more from him.　この試合での彼のプレーにはちょっとがっかりしたよ。もっとやれると思っていたんだ。

3. A husband shouldn't **expect** his wife to do all the housework.　夫は、家事はすべて妻がやってくれるものと期待すべきではない。

4. She is **expecting** her first child at 40 after beating breast cancer.　彼女は乳がんを克服し、40歳で最初の子を出産する予定だ。

② expect　中立的な内容を予期する

5. I don't know what I am **expected** to write about for a graduation thesis.　卒論で何を書いたらいいのか分かりません。

6. The construction of the new stadium is **expected** to take three years.　新競技場の建設には3年かかると予定されている。

7. Often what we seek is found where (it is) least **expected**.　探し物はしばしば思いがけないところで見つかるものだ。

8. The boss got irritated as he couldn't find files in their **expected** places.　ファイルが思った場所にないので上司はいらいらした。

9. Life is so constructed that events don't happen as **expected**.　人生における出来事は、予測通りにはいかないものだ。

10. I'm **expecting**〔I **expect**〕you in my office at 3 this afternoon.　今日の午後3時にオフィスでお待ちしています。

③ expect　望ましくない内容を予想する・予測する

11. Seismologists are **expecting** a major earthquake in Kantoh in the next few decades.　地震学者たちは、今後数十年のうちに関東地方で大地震が起こると予測している。

12. We're **expecting** a little turbulence, so please fasten your seatbelts.　多少の機体の揺れが予想されるので、シートベルトをしめてください。

fail

～に失敗する

【解説】

　failの定訳は「～に失敗する」ですが、原義からたどると「期待に届かない→(しかるべき)基準に届かない・基準に達しない」です。つまり、物事をこなす能力や努力が十分でない(基準に届かない)→失敗する」のような意味の展開があります。

　構文的には、① 人が主語となり「人が物事を期待通りにできない」(例文1～4)と、② 物事が主語となり「物事が期待通りにならない」(例文5～9)の場合があります。

　名詞 failure の定訳は「失敗」ですが、ほかにも ③「倒産・停電・疾患」(例文10～12)など、動詞の場合と同じように「失敗」の概念だけでは捉えがたい場合が多くあります。根底に流れる「しかるべき基準に達しないこと」を想起して理解することが肝要です。

① **fail**　人が物事を期待通りにできない

1. Students who **failed** math have to repeat it.　数学を落とした学生は、再履修しなければならない。
2. My sister **failed** her driving test twice before she finally passed.　妹は運転免許試験に 2 度落ちてやっと合格した。
3. When forced to prove that he was drug free, Bill **failed** to show up for a dope test.　薬物を使用していないことを証明しなければならないのに、ビル選手はドーピング検査に現れなかった。
4. He never **fails** to come to the stadium when the Tigers have a game.　彼はタイガースの試合があるときはいつも球場に来る。

② **fail**　物事が期待通りにならない

5. There was a problem with the ATM and it **failed** to dispense my money.　ATM の調子が悪くてお金を引き出せなかった。
6. What he writes never **fails** to interest his regular readers.　彼の書くものは愛読者の期待を裏切ることがない。
7. A bitterly fought proposed amendment **failed** by just a handful of votes.　激しい議論の末の修正案は、わずか数票の差で成立しなかった。
8. What if the power **failed** during a surgical operation?　手術中に停電になったらどうなるの？
9. Many diets **fail** because they are boring.　多くの食事療法はうんざりするので、失敗することが多い。

③ **failure**　倒産・停電・疾患

10. After several business **failures**, Steve Jobs rose to become the head of a global enterprise.　スティーブ・ジョブズ氏はいくつかの事業で倒産を経験したが、世界的企業のトップに上りつめた。
11. A power **failure** brought the train to a stop in the tunnel for an hour.　停電のため、電車はトンネル内で 1 時間立ち往生した。
12. If not taken as instructed, this medicine may result in liver **failure**.　指示通りに服用しないと、この薬は肝臓疾患を起こすことがある。

fall

落ちる

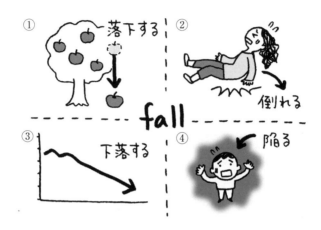

【解説】

　fall の原義は「落ちる」です。ここから①「(高所から)落ちる」(例文1〜5)→②「(バランスを失って)倒れる・転げる」(例文6〜7)→③「(比喩的に)下落する・衰退する」(例文8〜9)→④「(ある状態に)陥る」(例文10〜12)のように意味が展開します。このように、「物理的な物の落下から比喩的な権力などの衰退、さらに(ある状態への)落ち込み」までを意味しています。

　名詞用法も同様に「落下・下落・衰退」などの意味合いで、たとえば次のように使われます：a fall from a horse (落馬)、a fall in sales (売り上げの下落)、the rise and fall of the Heike (平家の盛衰)、the fall of night (夜のとばりが降りること)。なお、米国やカナダで「秋」のことを fall と言うのは、「落葉 (fall of the leaf)」という古くからの言い回しに由来しています。

① `fall` 落ちる
  1. I saw the snow **falling** thick and fast outside the window.　窓越しに雪がしんしんと降っているのが見えた。
  2. A large amount of volcanic ash **fell** in the northern and central parts of the city.　大量の火山灰が市の北部と中央部に降った。
  3. They say that Isaac Newton discovered the law of gravitation by seeing an apple **fall** from a tree.　アイザック・ニュートンは、リンゴが木から落ちるのを見て万有引力の法則を見つけたと言われている。
  4. A construction worker **fell** out of the scaffolding, fracturing his arm in two places.　建築作業員が足場から落ちて腕の2か所を骨折した。
  5. A lunar eclipse takes place when the earth's shadow **falls** across the moon.　月食は地球の影が月面に落ちて横切るときに起こる。

② `fall` 倒れる・転げる
  6. Several roadside trees **fell** in the storm last night.　昨夜の嵐で街路樹が数本倒れた。
  7. The old woman lost her balance and **fell** backwards.　老女はバランスを崩して後ろ向きに転んだ。

③ `fall` 下落する・衰退する
  8. When does a stock's price **fall**?　どんな時に株価は下落するのですか？
  9. The number of black managers in the top divisions of English soccer **fell** to zero.　英国サッカーの1部リーグから、黒人監督がいなくなった。

④ `fall` (ある状態に)陥る
  10. When do you come to know that you have **fallen** in love?　恋に落ちたと気づくのはどんな時ですか？
  11. I am able to **fall** asleep as soon as I hit the pillow.　私は床に入るとすぐに眠れる。
  12. The Fighters **fell** three games behind the Hawks with only five games remaining in the season.　今季残りわずか5試合を残して、ファイターズはホークスに3ゲーム離された。

feel

体に感じる、心に感じる

【解説】

　feel の原義は「触れる」です。人は物に触れると熱や堅さなどを感じます。つまり、①「体に感じる」（例文1〜4）ことになります（身体的感覚）。また、人は不幸な知らせに触れると悲しくなり、明るい話題に触れると喜びを感じます。つまり、②「心に感じる（受身的）」（例文5〜7）ことになります。さらにそれに反応して「〜と思う・考える（能動的）」（例文8〜9）ことになります（心理的感覚）。

　名詞形の feeling は動詞用法と同様に③「感覚」（例文10〜11）と④「気持ち・（感じて生じた）雰囲気・（世間の）意見」（例文12〜13）の2つの意味があります。また、原義「触れる」をそのまま意味する派生語に feeler（昆虫などの触角）があります。

① **feel** 体に感じる

1. The continents are moving all the time, although we cannot **feel** it.　体感できないけれど、大陸は絶えず移動している。
2. Press two fingers lightly on the wrist to **feel** your pulse.　手首に 2 本の指を軽く当てて、脈を取ってみなさい。
3. He **felt** tears welling in his eyes, and looked away.　彼は目に涙があふれるのを感じて、顔をそむけた。
4. When you **feel** a lump in your breast, you need to see your doctor to find out what it is.　乳房にしこりを感じたら、それが何であるか医者に診てもらわないといけない。

② **feel** 心に感じる・〜と思う

5. My cold is finally gone. I **feel** good today.　風邪が抜けて今日は気分がいい。
6. There are some people who don't **feel** comfortable about their gender.　自分の性別に違和感を持つ人がいる。
7. I **feel** heavily burdened with lots of responsibilities as principal.　校長としてさまざまな責任をずっしり背負っていることを感じる。
8. The store owner didn't **feel** guilty about the exploitation of the workers.　店のオーナーは従業員を搾取することをやましく思わなかった。
9. Because I did my best, I didn't **feel** a need to apologize for my failure.　僕は全力を尽くしたのだから、不首尾をわびる必要はないと思った。

③ **feeling** 感覚

10. Kneeling on the floor for a long time I lost all **feeling** in my legs.　長時間正座していたので、足がすっかりしびれた（＝足の感覚がなくなった）。
11. Some drugs can unleash intense **feelings** of euphoria and ecstasy.　強烈な高揚感や恍惚感を引き起こす麻薬がある。

④ **feeling** 気持ち・雰囲気・世間の意見

12. I've got a **feeling** I've seen her before somewhere.　彼女に以前どこかで会ったような気がする。
13. In my town, there is a **feeling** that the library should stay open on Sundays.　私の町では図書館は日曜日も開館すべきだという意見がある。

find

見つける

【解説】

　find の原義は「出会う・出くわす」です。たとえば、野道を歩いていて道端に四葉のクローバー(a four-leaf clover)が目にとまったとき、①「(たまたま)見つける」(例文1～6)の意味で find と言います。あるいは四葉のクローバーを探しに出かけて運よく見つけることもあります。このように、②「(探して)見つける」(例文7～11)ことも find と言います。いずれの場合も視覚に基づくことが多いのですが、嗅覚・味覚・聴覚・触角など知覚全般を通して見つけたり、分かったりする場合があります。

　名詞形 finding は通例複数形で使われ、③「研究や調査などを通して判明したこと」(例文12)の意味で使われます。

① **find** （たまたま）見つける

1. A passer-by **found** the body of a man, who seemed to be hit by a car.　通りがかりの人が、車にはねられたと思われる男性の死体を見つけた。

2. Snakes can be **found** everywhere in the world except for New Zealand.　ヘビはニュージーランドを除く全世界で見られる。

3. The minister's house seemed to be a common, everyday house of the sort one might **find** anywhere.　その大臣の家はどこにでもあるような平凡な家だった。

4. The room was chilly. I **found** that the heater was not working.　部屋が寒いと思ったら、ヒーターが作動していなかった。

5. I **found** myself shaking with rage.　私は怒りで身体が震えていた。

6. The driver looked up to **find** the passenger eying him strangely in the mirror.　（タクシーの）運転手がふと鏡に目をやると、乗客が異様な目つきで自分を見ていた。

② **find** （探して）見つける

7. The runaway boy was **found** safe and well yesterday, and is back with his family.　家出少年は昨日無事発見され家族に引き取られた。

8. I heard Ms. Smith was quitting. Have they **found** anyone to replace her yet?　スミスさんはお辞めになるそうですね。もう代わりの方は見つかっているのでしょうか？

9. I doubt the article that states that a cure has been **found** for dementia.　認知症の治療法が見つかったという記事は信用し難い。

10. The report **found** that 75% of the miners studied had died of lung cancer before they reached 50 years of age.　この報告書によれば、調査した炭鉱労働者の 75%が 50 歳になるまでに肺がんで死亡している。

11. She couldn't **find** the time to take care of her aging parents.　彼女は年老いた両親の世話をする時間がなかった。

③ **finding** 研究や調査などを通して判明したこと

12. This report presents the **findings** of a telephone survey of 1,500 randomly selected people.　この記事は無作為に選んだ 1,500 人への電話による聞き取り調査で判明したことを紹介している。

fit

ぴったり合う

【解説】
　fit の原義は「形がぴったり当てはまる」です。ここから①「合う・適合する、合わせる・適合させる」(例文 1〜5)の意味が生まれています。
　名詞用法では②「適合」(例文 6〜7)の意味です。
　また、形容詞用法では③「適している」(例文 8〜9)のほか、④「健康である」(例文 10〜11)の意味があります。これは「生存の環境に適している→体力がある」という意の広がりがあるからです。survival of the fittest (適者生存)という進化論の柱となっている概念が連想されます。
　いずれの用法においても「主体の形状・性格などが周囲の状況・条件に適合する」という含みがあります。

① **fit** 合う・合わせる

1. When young children put on gloves, they often fail to **fit** each finger into its place.　幼い子が手袋をはめるとき、それぞれの指をちゃんとはめられないことがよくある。
2. My daughter is being **fitted** for her wedding dress.　娘はウエディングドレスを作るために採寸、仮縫いをしてもらっている。
3. Shoes marked EEEE are designed to **fit** wide feet.　4Eの靴は幅広の足に合うようにデザインされています。
4. Sara is awesome. She can tailor suits to **fit** perfectly.　サラはすばらしいわ。スーツの仕立てが完璧なのよ。
5. If you could **fit** the entire population of the world into a village consisting of 100 people, there would be 52 women and 48 men.　世界の総人口を100人の村に当てはめるとしたら、52人が女性で、48人が男性ということになる。（※『世界がもし100人の村だったら』より）

② **fit** 適合

6. The college my daughter chose was a perfect **fit** for her future career.　娘が選んだ大学は彼女の将来の職業にとって最適だった。
7. I moved into the country, hoping to find the best **fit** between work and home.　仕事と家庭がうまく両立する場を求めて田舎に引っ越した。

③ **fit** 適している

8. Teachers must be mentally and morally **fit** to handle children.　教師は生徒を扱うのに精神的にも道徳的にも適性が備わっていることが必要だ。
9. Animals and plants live in a world where only the **fittest** survive.　動植物は環境にもっとも適しているものが生き延びる世界に生きている。

④ **fit** 健康である

10. My aunt is crazy about keeping **fit**. She is always trying new supplements.　叔母さんは健康オタクだよ。絶えず新しいサプリメントを試しているんだ。
11. I'm not as **fit** as I used to be; these days I tire easily after a day's work.　昔のような元気はなくて、近頃は仕事を終えると疲れやすくなった。

fix

修理する

【解説】

　fix の原義は「ちゃんとした状態にする・固定させる」です。ここから①「視線を定める→凝視する」（例文 1〜2）→②「（日付や値段を）定める」（例文 3〜4）→③「機械などを（ちゃんとした状態に）直す・修理する」（例文 5〜7）→④「試合などの行方を故意に定める→八百長・工作を仕組む」（例文 8）のように多様な意味に展開します。「工作を仕組む」の意の派生語に fixer（フィクサー・黒幕）があります。裏で工作するので back room fixer（陰の黒幕）などのように言います。

　また、形容詞形の fixed は⑤「固定した」（例文 9〜10）の意味です。例文の他にも、fixed-line phone（固定電話）、fixed star（恒星）、fixed assets（固定資産）、fixed idea（固定観念）、fixed income（（固）定収入）などは日常的に用います。

① fix　凝視する

1. She **fixed** her eyes on his plane until it went out of sight high in the sky.　彼女は彼の乗った飛行機が視界から消えるまで見つめていた。

2. The eyes of the people of Edo were **fixed** on the big, black steamships that appeared off Uraga.　江戸の人々の目は浦賀沖に現れた大きな黒い蒸気船にくぎづけになった。

② fix　定める

3. Has the date of your departure been **fixed**?　君の出発の日は決まっているの？

4. In Japan, tobacco prices are **fixed** by the government.　日本ではたばこの価格は政府によって決められている。

③ fix　直す・修理する

5. I'm going to have Robert **fix** my computer because it doesn't start up smoothly.　パソコンの立ち上がりが悪いので、ロバートに直してもらうつもりだ。

6. You should **fix** this before it's too late. A stitch in time saves nine, they say.　手遅れにならないようにすぐ直しなさいよ。「今日の一針、明日の十針」（＝ 今の一針があとになって九針分の手間を省く）って言うでしょ。

7. Every year the city has to spend a large sum of money to **fix** potholes in the road.　市は道路の傷みの修復に、毎年多額の金を費やしている。

④ fix　八百長・工作を仕組む

8. Two English soccer players have been banned for life after **fixing** games for a betting syndicate.　英国のサッカー選手２人が、ある賭博組織のために八百長をした罪で永久追放された。

⑤ fixed　固定した

9. A man of no **fixed** abode〔address〕was accused of trespassing on private property.　住所不定の男が住居不法侵入罪で訴えられた。

10. Weather satellites appear to hang in a **fixed** spot above the Earth.　気象衛星は地球の上空の定点に浮かんでいるように見える。

follow

〜の後を追う

【解説】
　follow の原義は「弟子が高僧のお供をする→後について行く」です。ここから基本義「〜の後を(それないように)たどって行く」が生まれ、①「〜の後を行く・追跡する」(例文1〜4)→②「〜の次に来る・結果として生じる」(例文5〜6)→③「規則に(外れないように)添う→規則を守る」(例文7〜8)→④「話や理論の筋道をたどる→理解する」(例文9〜10)のように意味が展開しています。
　「追う」の意味で類義語 chase があります。follow は先行する人や物事を一定の距離を保ってたどって行くニュアンスですが、chase は先行するものとの距離をゼロにしようとして追うニュアンスです：The kids chased each other around the kitchen table.(子どもたちは食卓の周りで追っかけごっこをした)

① `follow` ～の後を行く・追跡する

1. The detective began **following** the suspect's footprints in the freshly fallen snow.　刑事は新雪に残された容疑者の足跡を追跡し始めた。

2. A cloud of Japanese reporters **follow** Masahiro Tanaka at every Yankees' game.　日本人記者の一団がヤンキースの試合があるたびに田中将大投手を追っかけている。

3. **Follow** the arrows. They'll show you where to go.　矢印をたどって行きなさい。矢印は行き先へ導いてくれます。

4. His blog is **followed** by tens of thousands of readers all over the country.　彼のブログは全国の何万人もの読者に読まれている。

② `follow` ～の次に来る・結果として生じる

5. As sure as day **follows** night, hard and consistent efforts always bring results.　夜の後には必ず朝が来るように、懸命で一貫した努力は確実に成果をもたらす。

6. If a equals b and b equals c, it **follows** that a equals c.　aとbが等しく、bとcが等しいとき、aとcが等しいことになる。

③ `follow` 規則を守る

7. If you have diabetes, you have to **follow** a healthy eating plan based on plenty of vegetables and beans.　糖尿病にかかっているなら、多くの野菜と豆類を主体にした食事療法を守らないといけない。

8. Twitter is for everyone, but there are some rules to **follow** as with all the other communications.　ツイッターは皆のものであるが、他のすべての交信がそうであるように守るべき規則がある。

④ `follow` 理解する

9. The theory of relativity is so complicated that only the talented few can **follow** it.　相対性理論はとても複雑なので、能力あるわずかの人にしか理解できない。

10. Could you elaborate on your suggestion? I'm not **following** you.　ご提案をもう少し具体的に言ってくださいませんか？　お考えがよく分からないのですが。

gather

集める、集まる

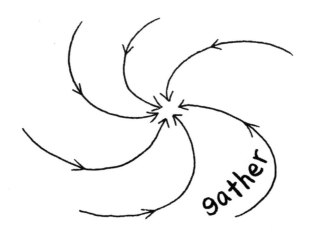

【解説】
　gather の原義は「集める」です。ここから①「散らばっている物を集める」(例文1〜3)→②「人が集合する」(例文4〜5)と展開します。さらに、比喩的に③「拡散しているもの(速度・力・考えなど)を集中させて、速さ・勢い・力・論理を増強する」(例文6〜8)→④「(断片的な情報を集めて)推測する・結論を導く」(例文9〜10)と展開します。
　名詞形 gathering はおもに⑤「人の集まり・会合」(例文11)の意味で用います。
　また、スカートなどの襞(ひだ)のことを「ギャザー」と言いますが、英語では、たとえば a skirt with gathers (= a gathered skirt) (ギャザー付きのスカート)のように複数形で使います。

① `gather`　散らばっている物を集める

1. Deciding not to bother **gathering** more fruit, the farmer made for home with a basket full of apples on his back.　収穫はこれくらいでやめにしようと決め、農夫はリンゴをいっぱいに詰めたかごを背負って家路についた。

2. The stones in the showcase were **gathered** on trips to Africa.　陳列ケースの石は、アフリカへ旅したときに収集したものです。

3. **Gather** data without being influenced by your own preferences or biases.　データは、自分の好みや偏見に左右されないように収集しなさい。

② `gather`　人が集合する

4. We used to **gather** around that piano and sing gospel after supper.　夕食後、私たちはあのピアノの周りによく集まって、ゴスペルを歌っていました。

5. Around 500 people **gathered** downtown to protest the shooting of an unarmed black teenager by a police officer.　警官が無抵抗の10代の黒人青年を射殺したことに抗議して、500人ほどの市民が繁華街に集まった。

③ `gather`　勢い・力・論理を増強する

6. The raft **gathered** speed as the current dragged it toward the falls.　滝に近づくと、流れに乗っていかだは速さを増した。

7. He **gathered** his remaining strength, and sprinted on the last lap.　彼は残った力をふりしぼって、最後の1周を走った。

8. You should always take a moment to **gather** your thoughts before writing.　文章を書き出す前に、つねに考えをまとめる時間を少し取りなさい。

④ `gather`　(情報を集めて)推測する・結論を導く

9. The boy's mother, from what I could **gather** from the letters she sent me, was a well-educated woman.　私にくれた手紙から判断すると、その少年の母親は教養のある人だった。

10. I **gather** from what he said that the mayor has decided to resign.　発言から推測すると、市長は辞職を決めたように思う。

⑤ `gathering`　人の集まり・会合

11. We have a family **gathering** in August every year.　毎年8月に家族で集まる。

get

(ある状態に)なる、〜を手に入れる

【解説】

　getの原義は「〜を手に入れる」です。手にする対象となるものが有形、無形であり、かつ多様であるのはhaveやtakeなどと同様です。

　getの意味的性格を大きく分けると次の2つになります：① 主体が意図することなく対象を得る、成り行きである状態・結果になる場合(例文1〜6)と、②主体が意図的に対象を得る、意図する事物を得る場合(例文7〜11)があります。

　このことを感覚的に捉えると、①では主体に対象が付随するようなイメージ、②では主体が対象へ積極的に接近することで起こるようなイメージになります。また②の用法のうち、他者に働きかけてある状態を手に入れる(get + 人 + to do)という場面(例文12〜13)ではgetの意図的性格が色濃く表れています。

① **get**　成り行きである状態・結果になる

1. I **got** a C in chemistry and a B in math.　化学はC(可)で、数学はB(良)をもらった。
2. My daughter **gets** really bad headaches before and during her period.　娘は生理前や生理中にひどい頭痛に襲われる。
3. When I fell off the bike, I **got** scratches on my leg and elbow.　自転車で転んで脚と肘にすり傷を負った。
4. The man **got** six years in prison for an insurance fraud.　その男は保険金詐欺のかどで6年の実刑判決を受けた。
5. I feel that the economy is **getting** better these days.　最近、景気が上向いてきたように思う。
6. After a time you **get** to realize that these things don't matter.　時間が経てば、こんなことは重要ではないことが分かるようになるよ。

② **get**　意図する事物を得る

7. Do you **get** what I mean?　僕の言いたことが分かった？
8. **Get** a detergent, please, if you go shopping.　買い物に行くのなら洗剤を買ってきてちょうだい。
9. You look worn out. Try to **get** some sleep.　かなり疲れているようね。少し寝なさいよ。
10. Dad put me on his shoulders to **get** a better view of the parade.　父さんはパレードがよく見えるように僕を肩車してくれた。
11. The lack of nursery schools makes it difficult for many single mothers to **get** jobs.　保育所が少ないので、シングルマザーは就職が困難な場合が多い。

③ **get + 人 + to do**

12. I **get** my daughter to help (me) with the dishes after each meal.　食後はいつも娘に皿洗いを手伝わせている。
13. I **got** my boss to agree to my suggestion.　私の提案に上司の同意を取り付けた。

give

与える

【解説】

　give の原義は「与える」です。主体は持っているものを見返りを求めることなく対象側へ与えます。与えるものによってさまざまな意味合いが生じますが、大きく以下の４つに分けることができます：①「具体的な物を与える」（例文１〜２）、②「抽象的なものを与える」（例文３〜６）、③「行為を与える(＝ 会を催す・動作をする)」（例文７〜９）、④「与える ＝ 譲る ＝ 明け渡す ＝ 屈する」（例文 10〜11）。

　また、④ の意味ですが、内在する権利を譲ったり、内在する力を放出してしまうために主体側に妥協や崩壊が起こると解釈できます。

　各例文の後の注(※)に見られるように、与えるものの多くは受け手にとってプラス材料ですが、プラスにもマイナスにもならない中立材料、あるいは受け取ると不利をもたらすマイナス材料もあります。

① **give** 　具体的な物を与える

1. What should I **give** my friend for her birthday?　彼女の誕生日祝いに何を贈ろうかしら？（※what= プラス材料）

2. A cow **gives** 40-50 liters of milk per day.　牛は1日40～50リットルの乳を出す。（※milk= プラス材料）

② **give** 　抽象的なものを与える

3. Nakamura's two homers **gave** the team the victory.　中村の2本の本塁打でチームは勝利した。（※the victory= プラス材料）

4. I'll **give** you five more minutes to prepare your answer.　答えを出すまで、もう5分あげよう。（※five more minutes= プラス材料）

5. The government has **given** top priority to reforming the tax system.　政府は税制改革を最優先に掲げた。（※top priority= プラス材料）

6. You should stay home from school. I don't want you to **give** your cold to others.　学校を休んだほうがいいよ。風邪を他人にうつすのはまずいからね。（※cold= マイナス材料）

③ **give** 　行為を与える

7. She **gave** a piano recital for the victims of the tsunami and earthquake.　彼女は津波や震災による被災者たちのために、ピアノの演奏会を開いた。（※recital= プラス材料）

8. She **gave** him a brief glance filled with contempt.　彼女は軽蔑に満ちた目で彼をちらりと見た。（※glance filled with contempt= マイナス材料）

9. The clerk looked up from her work and **gave** a big yawn.　事務員は仕事の手を止めて顔を上げ、大あくびをした。（※yawn= 中立材料）

④ **give** 　譲る・屈する

10. To reach an agreement on this issue, I feel both sides need to **give** on some points.　この問題で合意を得るには、双方がいくつかの点で譲り合う必要があると思う。

11. The gym's roof **gave** under the weight of the snow.　体育館の屋根が雪の重みで崩れた。

give

go

行く

【解説】

　goの原義は「こちらから向こうへ行く」です。① 動きのみに注目する場面では「物事が動く・進む→進展する」(例文1〜3)の意味になります。② 動き(go)の先に到達点が示されると、「〜へ行く」(例文4)の意味になります。③ 動き(go)の先に到達点が示されないと「行ってしまう→存在しなくなる→消える・なくなる」(例文5〜10)という意味になります。これは発話者が起点から、主体がgoするのを眺めると「姿がだんだんと遠ざかり、やがては消えていく」イメージが生まれるからです。ちょうど日本語の「行く→逝く」の展開に似ています。動いて(go)到達する先が物事の「状態」を示すこともあります。その場合の文構造は「go + 状態を表す形容詞」です。多くの場合、④「正常な状態が崩れて好ましくない状態になる」(例文11〜14)の意味になります。

① **go** 進展する

1. Did the interview **go** smoothly?　面接はうまくいきましたか？
2. How are things **going**?　調子はどうですか？
3. Is the meeting still **going**?　会議はまだやっているの？

② **go** 〜へ行く

4. I have to **go** to the dentist this afternoon.　午後は歯医者に行かないといけない。

③ **go** 消える・なくなる

5. My eyesight is beginning to **go**.　視力が落ち始めている。
6. The watch has begun to run slower. The battery must be **going**.　時計が遅れ始めた。電池が切れかかっているのだろう。
7. My ear ringing is **gone** now. I am glad it healed itself.　耳鳴りがしなくなりました。自然に治ってよかったです。
8. It's **going, going**! It's **gone**! It's a home run.　（打球は）どんどん伸びています！　入りました！　ホームランです。
9. "Is your father well?"—"Oh, he has been **gone** for two years now."　「お父さんはお元気ですか？」——「いいえ、亡くなって２年になります」
10. Sooner or later this old sofa will have to **go**.　いずれこの古いソファーは処分しなければならない。

④ **go** ＋ 形容詞　好ましくない状態になる

11. Milk **goes** sour if you leave it out of the fridge.　牛乳は冷蔵庫から出しっぱなしにしておくとだめになる。
12. The coke has **gone** flat because you left it uncapped.　キャップを締めてないから、コーラの気が抜けちゃってるよ。
13. I dropped a brick on my toe and the nail **went** black.　レンガを足の指に落としたので爪が黒く変色した。
14. Things got tougher and tougher; most of the small businesses **went** bankrupt.　景気はますます悪くなり、ほとんどの零細企業は破産した。

grow

成長する

【解説】

　grow の原義は「植物が生長する」です。植物が種から芽を出して生長する(grow)と、緑(green)の葉(grass)が出てきます。green も grass も grow の関連語です。

　grow の原義は①「生物が成長する、育つ・育てる、(毛などが)生える」(例文1〜3)→②「数量が増える」(例文4〜5)→③「関心・要求などが高まる」(例文6〜7)→④「感情が芽生える・育つ」(例文8〜9)→⑤「質・内容が向上する」(例文10〜11)のように展開しています。

　このように grow は「具体的に成長する」から「抽象的・比喩的に増大する・高まる」意味まで表しています。英語に限らず、どのような言語においても基本動詞の意味領域はこのような広がり方をしています。

① **grow**　育つ・育てる、(毛などが)生える

1. Most vines **grow** well in both the sun and shade.　ほとんどのつる草は、日当たりのよい場所でも日陰でも育つ。
2. I **grow** root crops, such as white radishes and carrots.　私は大根やニンジンのような根菜類を栽培している。
3. Many Japanese players start to let their beards **grow** after joining the Major Leagues.　大リーグに入ると、ひげを伸ばし始める日本人選手が多い。

② **grow**　数量が増える

4. Your child's vocabulary will **grow** by leaps and bounds over the first five years after birth.　子どもの語彙数は、生後5年間で飛躍的に増大する。
5. As the human population **grew**, the wild animal population declined.　人口の増加に伴って、野生動物の数が減った。

③ **grow**　関心・要求などが高まる

6. Cars with crash avoidance systems are coming to the market to meet the **growing** demand for safety.　安全を求める声の高まりに応じて、ますます多くの衝突防止装置付きの車が市場に出ている。
7. Consumers are showing **growing** concern about the safety of the food they eat.　消費者は食品の安全性について不安を高めている。

④ **grow**　感情が芽生える・育つ

8. He is the one you'll probably **grow** to like over time.　彼は付き合っているうちに、だんだんと好きになるタイプだと思う。
9. I find myself **growing** angry at her shameless excuse.　彼女のしらじらしい口実を聞いてだんだんと腹が立ってきた。

⑤ **grow**　質・内容が向上する

10. The nation's economy **grew** more than expected in the fourth quarter of the year.　国の経済は、本年度の第4四半期に予想を上回る成長をした。
11. As the sky **grew** darker, innumerable stars began to blink like fireflies.　空が暗さを増すにつれて、無数の星が蛍のようにきらめき始めた。

hang

つるす

【解説】

　hang の原義は「つるす」です。「つるす」とは、①「ある支点から物体をたらす」（例文1～3)ことです。ロープの輪を支点にして人体をつるすと②「首をつる・絞首刑にする」（例文4～5)の意味になります。また、物をつるすと「ふらふら・ぶらぶら」と宙に揺れますが、物体が極めて軽い場合は、③「空中を漂う」（例文6～7)ことになります。ちなみに、二日酔いのことを hangover と言いますが、hang（酒気をまとう）over（前日から持ち越して）というニュアンスが潜んでいます。さらに、比喩的な用法では、④ 人が「目的もなくぶらつく・ゆったり過ごす」（例文8～9)様子や、⑤ 物事が「未定のままである・宙ぶらりん状態にある」（例文10～11)ことを表します。

① `hang`　つるす・たらす
1. I **hang** the laundry outdoors because I love the smell and feel of clothes that are dried in the sun.　私は洗濯物を屋外に干します。日光で乾いた衣服の匂いや感触が好きだからです。
2. Sara has her long black hair **hanging** down to her shoulders.　サラは長い黒髪を肩まで垂らしている。
3. A dog pants with his tongue **hanging** out of his mouth in order to regulate his body temperature.　体温を調整するために、犬は口から舌をたらしてせわしなく呼吸する。

② `hang`　首をつる・絞首刑にする
4. A lifer **hanged** himself in his prison cell.　無期刑囚が独房で首つり自殺した。
5. The killer was **hanged** for the murder of two police officers.　その殺人犯は２人の警官を殺害した罪で絞首刑になった。

③ `hang`　空中を漂う
6. Through the window, I saw layers of mist **hanging** over the distant mountains.　窓から遠くの山々に霧がたなびいているのが見えた。
7. Inside the temple, the fragrance of incense **hung** in the air, and I just felt at peace.　寺の中は香のかおりが漂っていて、とても安らいだ。

④ `hang`　ぶらつく・ゆったり過ごす
8. I just **hung** around all afternoon, listening to music and reading books.　午後は音楽を聴いたり、本を読んだりしてゆったりと過ごした。
9. There are always groups of boys **hanging** about in the square.　この広場ではいつも少年たちがたむろしている。

⑤ `hang`　未定のままである
10. I was left **hanging** for three weeks before I got a call offering me the job.　就職の内定の電話をもらうまで、3週間待たされた。
11. We don't know if we can buy the house yet because the bank left our loan application **hanging**.　銀行にローンの申し込みをしているが、回答がまだないので、その家を買えるかどうか分からない。

happen

事が起こる、人がたまたま〜する

【解説】

　happen の原義は「hap(偶然)en(〜が起こる)」です。大きく分けて、①「事が起こる」（例文1〜8）、②「人がたまたま〜する」（例文9〜10）のように意味が展開します。定訳は「起こる」ですが、例文でも分かるように、この定訳におさまらない多様な場面の描写に用いられます。

　カタカナ語の「ハプニング」は「思いがけない、意表をつかれるような出来事」の意味で使われますが、happening(名詞)は③「(周辺に起こる)出来事・(日常出くわすいろいろな)出来事」（例文11）の意味でしかありません。通例、複数形で用いられるのはそのためです。

① **happen** 事が起こる

1. A long happy marriage doesn't just **happen**. You have to work for it.　長く幸せな結婚生活は、努力なしには簡単に実現しないものだ。

2. The witness of the event concluded his report by saying, "this is how it all **happened**."　事件の目撃者は「以上がことの全容です」と言って証言を終えた。

3. Much of what **happens** to you is beyond your control.　身の上に起こることの多くは自分ではどうしようもないことだ。

4. Don't concentrate on falling asleep because it will not **happen** if you force it.　無理に眠ろうとすると眠れなくなるから、眠ろうと意識しないように。

5. "Oh, you're 30 minutes late."—"I'm sorry, it won't **happen** again."　「30分も遅刻だよ」――「ごめんなさい、二度としません」

6. "The writer published ten novels in the past two years."—"That doesn't **happen** easily."　「その作家はこの2年で10冊の本を刊行したよ」――「それは容易にできることではないね」

7. I'm not satisfied with the result, but this is the best that can **happen** right now.　出来ばえに満足しているわけじゃないけど、今のところこれが精一杯です。

8. Even if you are sure earthquakes will **happen**, predicting the timing is far from easy.　地震が起こることは分かっていても、いつ起こるかを予測することはとても難しい。

② **happen** 人がたまたま〜する

9. I **happened** to see (= It **happened** that I saw) my former teacher at the restaurant.　そのレストランで昔の先生に偶然出会った。

10. It so **happened** that I was unable to be at John's Birthday celebration.　あいにくジョンの誕生会には行けなかった。

③ **happening** 出来事

11. Baseball fans love reading reports of **happenings** in the spring training camps.　野球ファンは春のトレーニングキャンプでの出来事の記事を読むのが好きだ。

have

(有形・無形のものを)持つ

【解説】

　haveの原義は「(有形・無形のものを)持つ」です。次のように有形のものを周りに持ち、無形のものを付帯する状態・様子を表します：①「物を所有する」(例文1～2)、②「動物・家族を持つ」(例文3～4)、③「病気にかかる」(例文5)、④「能力・特徴・性格を持つ」(例文6～7)、⑤「感情を抱く」(例文8)、⑥「行動・動作をする」(例文9～11)、⑦「時を過ごす」(例文12)、⑧「ある状態・行為を生じさせる」(例文13～14)。これらがhaveの持つ中心的な意味領域です。なおhave単独で「～を手に持っている」という意味で使うことはほとんどありません。その場合は、The baby had a pair of scissors in her hand. (赤ちゃんがはさみを持っていたよ)などのように言います。

① `have` 物を所有する
 1. The house **has** floor heating.　この家は床暖房だ。
 2. Most families in this neighborhood **have** a car or two.　この地域ではほとんどの家庭が車を1～2台持っている。

② `have` 動物・家族を持つ
 3. We **have** a cat and a dog.　猫と犬を飼っている。
 4. My daughter is going to **have** a second baby soon.　娘に2人目の赤ちゃんがまもなく生まれる。

③ `have` 病気にかかる
 5. Julie **has** skin cancer.　ジュリーは皮膚がんにかかっている。

④ `have` 能力・特徴・性格を持つ
 6. Although my grandpa is 90, he still **has** an excellent memory.　おじいちゃんは90歳だが、今でも記憶力がとてもよい。
 7. John **has** a cheerful personality.　ジョンは明るい性格だ。

⑤ `have` 感情を抱く
 8. The police chief **had** a suspicion that one of his men accepted a bribe from the gangsters.　警察署長は部下の一人が暴力団から賄賂を受け取っているのではないかと疑った。

⑥ `have` 行動・動作をする
 9. He **had** another drink.　彼はもう1杯飲んだ。
10. May I **have** a look at the photos?　写真を見せてもらえる？
11. Are you going to **have** a swim?　泳ぎに行くの？

⑦ `have` 時を過ごす
12. We **had** a good time at the party.　パーティーは楽しかった。

⑧ `have` ある状態・行為を生じさせる
13. My son **had** me worried when he said he was quitting the job.　息子が仕事を辞めると聞いて心配になった。
14. I'm afraid of making a mistake and **having** people laugh at me.　間違って人に笑われるのが怖い。

hit

打つ

【解説】

　hit の原義は「ぶつける」です。ここから大きく分けて①「なぐる・たたく・ぶつかる・ぶつける」(例文1〜3)、②比喩的に「天災などが襲う」(例文4〜6)のように展開します。

　さらにややくだけた言い方で、③「(物事に)ふと気づく・思い浮かぶ」(例文7)の意味もあります。これら以外にも、④の例文にあるような名詞と共に成句をなし、おもに話し言葉で用いられます：hit + book (本に向かう→勉学する)、hit + pillow (枕に頭を付ける→床につく)、hit + road (道路に車を乗せる→出発する)、hit + mark (的に当たる→ヒットする)、hit + theater (映画が映画館(のスクリーン)を打つ→上映される)(例文8〜12)。

① | hit | なぐる・たたく・ぶつかる・ぶつける

1. To loosen a stubborn jar lid, try to **hit** the side of the lid with a spoon several times.　きつくしまった瓶(びん)のふたをゆるめるには、ふたの縁をスプーンで数回たたいてみなさい。

2. The foul ball **hit** the umpire in his most sensitive spot.　ファウルボールが審判の急所〔股間〕に当たった。

3. My car was **hit** in the rear (= was rear-ended) by an unlicensed driver.　無免許運転のドライバーに追突された。（※rear-end＝ 追突する）

② | hit | 天災などが襲う

4. The typhoon is expected to **hit** the main islands of Japan this weekend.　台風は今週末に本州に上陸すると予想されている。

5. Farmers are worried that the lack of rain will **hit** this year's grain harvest seriously.　降水量が少ないため、農家では今年の穀物収穫が大きな打撃を受けることを懸念している。

6. Inflation has **hit** living standards hard, with the greatest pressure on commodities that are essential to life.　インフレで生活必需品がもっとも影響を受け、生活水準がひどく悪化した。

③ | hit | ふと気づく

7. It suddenly **hit** me that I was missing a dental appointment.　歯医者の予約をしていたことに、はっと気づいた。

④ | hit ＋ 名詞の成句表現

8. College life is busy in many ways besides **hitting** the books.　大学生活は勉学以外にもいろいろすることがある。

9. It was a really long and tiring day. Now I have to **hit** the pillow.　今日はとても長い1日で疲れたよ。もう寝なきゃ。

10. I'd love to stay longer, but it's really time to **hit** the road.　もう少しここに滞在したいけど、出発しないといけません。

11. The singer has a good voice, but her songs haven't quite **hit** the mark.　あの歌手はいい声をしているが、歌がヒットしたことがない。

12. The movie will **hit** theaters next month.　その映画は来月封切られる。

hold

つかむ、保つ

【解説】

　holdの原義は「ある状態にとどめる・保つ」です。何が何をholdするかによって意味合いは変わりますが、次の５つの場面に大別できます：①「人が対象物を手や腕で包み込むように保つ→つかむ・抱える」（例文１〜３）、②「容器や建物が内容物を包み込むように保つ→収容する」（例文４〜５）、③「会やイベントなどが会場に包み込まれるように開催される」（例文６〜７）、④「主体が対象を包み込み、そのままの状態でとめおく・保つ」（例文８〜10）、⑤（比喩的に）「心の中に包むようにある考えを抱く」（例文11）。いずれの場合も、「対象を包み込むようにしっかり保つ」がholdの一貫したイメージです。

① `hold` 手でつかむ・腕で抱える
1. Always **hold** the rail when climbing up and down the stairs. 階段を昇り降りする際は、つねに手すりをつかむようにしなさい。
2. The mother was **holding** her baby in her arms to nurse it. 母親は赤ちゃんを腕に抱えて乳を与えていた。
3. When he missed the penalty kick he **held** his head and sank to his knees. 彼はペナルティーキックを外すと、（両手で）頭をかかえてがっくり膝をついた。

② `hold` 容器・建物が収容する
4. The gas tank on this car **holds** about 50 liters. この車のガソリンタンクには約 50 リッター入る。
5. The Yankee Stadium **holds** 52,325 people. ヤンキー・スタジアムの観客収容人数は 52,325 人だ。

③ `hold` 開催する
6. The flea market is **held** on the first Saturday of each month. フリーマーケットは毎月第 1 土曜日に開かれる。
7. The 2020 Olympic Games will be **held** in Tokyo. 2020 年のオリンピックは東京で開催される。

④ `hold` そのままの状態でとめおく
8. Police are **holding** the man for questioning in connection with the robbery. 警察は強盗事件に関連した尋問をするために、その男の身柄を拘束している。
9. How long can you **hold** your breath? どれくらい息をとめておくことができますか？
10. I hope the weather will **hold** through the weekend. 天気がこのまま週末までもてばいいと思う。

⑤ `hold` 考えを抱く
11. Some of the economists still **hold** that the government's economic policies are misguided. 政府の経済政策はやはり間違っていると考える経済学者がいる。

keep

ある状態をずっと保つ

【解説】

　keep の原義は「ある人や物事の様子・状態をそのままずっと保つ」で、①「保つ」(例文1〜7)の意味が基本ですが、②「続ける」(例文8〜10)の意味が色濃く出る場合もあります。

　「保つ」の場合、具体的には「保持・確保・維持・順守・飼育」などの意味合いを持ち、「〜を続ける」の場合は文字通り「継続・持続」の意味合いを持ちます。

　また、③ keep 〜 from ... の構文では、「...が〜に起こらないようにする(防止・抑止)」(例文11〜13)の意味が生まれます。「防止・抑止」とは「〜することから(= from)引き離しておく(= keep) → ある現象・活動から遠ざける」ことだと分かります。

① **keep 保つ**

1. He **keeps** the ball as a memento of his first home-run in the majors.　彼は大リーグで初めて本塁打を打った記念にそのボールを持っている。(※保持)

2. I'll come a bit later; would you **keep** my seat, please?　ちょっと遅れて行くから、席を取っておいてもらえますか？(※確保)

3. Being prone to a heart attack my dad always **keeps** with him a medicine for emergencies.　父は心臓発作を起こしやすいので、万一に備えて薬をつねに携行している。(※保持)

4. Don't **keep** us in suspense—what happened finally?　じらさないでよ —— 結局どうなったの？(※維持)

5. Details of the military exercise are being **kept** secret for reasons of security.　軍事演習の詳細は、安全上の理由で秘密にされている。(※秘密保持)

6. Drivers must **keep** (to the) left in Japan.　日本では車は左側通行だ。(※規則順守)

7. We used to **keep** a few hens in the yard.　昔、庭でニワトリを飼っていた。(※飼育)

② **keep 続ける**

8. Julie **kept** her maiden name after she married.　ジュリーは結婚後も旧姓を名のった。(※継続)

9. Doctors will **keep** the mayor in hospital for at least another week.　医師団は市長を少なくとももう1週間入院させるだろう。(※続行)

10. Do you **keep** in touch with people you went to school with?　同窓生と連絡を取り合っていますか？(※持続)

③ **keep〜from... 防止する**

11. Stretching can be very effective at preventing lower back pain and **keeping** it from recurring.　ストレッチは腰痛の予防や再発防止にとても効果がある。

12. This mouthpiece may help **keep** you from snoring.　このマウスピースをはめると、いびき防止になるかも知れないよ。

13. My grandfather wears a straw hat to **keep** his balding head from getting sunburned.　祖父ははげ頭が日焼けしないように麦わら帽子をかぶっている。

know

～を知っている、～を知る

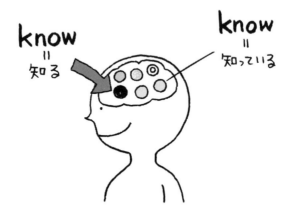

【解説】

　knowの原義は「～を知っている、～を知る」です。①「知っている」とは「知識や経験により、情報がすでに頭の中にあること」(例文1～6)で、②「知る」とは「情報や知識が新しく頭に入ること」(例文7～12)です。この場合、情報や知識の獲得は直感的かつ瞬時になされるので、can knowやbe knowingのようには言うことはあまりありません。また、情報や知識が間接的に得られるときはknow about〔of〕のように言います。たとえば、私たちはリンカーン大統領を直接会って知ることはできませんから、Lincoln is a president we know a lot. とは言えません。これは、Lincoln is a president we know a lot about.(リンカーンは私たちがよく知っている大統領だ)と言います。

　knowは会話文に多用されますが、用いられる文脈によってニュアンスに微妙な違いが生じます。そのニュアンスを各例文の後に※を設けて記しています。

① know　知っている

1. All I **know** is that he used to work in a local bank.　私が知っていることと言えば、彼が地元の銀行に勤めていたことだけだ。(※情報を持っている)

2. Auguste Rodin is well **known** for his sculpture, "The Thinker."　オーギュスト・ロダンは彼の彫刻『考える人』でよく知られている。(※be known= 有名である)

3. "I think you should apologize to her first."—"I **know**."　「君が先に彼女に謝るべきだよ」── 「分かっているよ」(※納得済みである)

4. "What caused their divorce?"—"How should I **know**?"　「どうしてあの人たちは離婚したの？」── 「私が知っているわけないでしょ？」(※情報を持っている)

5. The older generations have **known** what it is like to be poor.　高齢者世代は、貧乏がどういうものか知っている。(※経験している)

6. You should've **known** better than to invest big money in such a company.　大金を、そんな会社に投資するなんてばかなことだよ。(※分別を持つ)

② know　知る

7. In the photo all the people are wearing thick coats, so you **know** it is cold.　写真を見ると誰もが厚手のコートを着ているので、寒いということが分かるでしょ。(※〜だと分かる)

8. This hearing aid fits so well (that) I almost don't **know** I have it on.　この補聴器はよくなじんでいるので、かけているのを忘れるほどだ。(※気づく)

9. With this manual, you will master e-mailing before you **know** it.　このマニュアルを読むと、Eメールはあっという間にマスターできますよ。(※気づく)

10. As soon as I walked in the room I **knew** (that) something was wrong.　部屋に入るや、どうも様子が変だと思った。(※気づく)

11. We came to **know** each other by chance when traveling.　私たちは旅の途中で偶然知り合った。(※交際する)

12. "He is the best writer in Japan."—"Oh, I don't **know**—his style is too sophisticated."　「彼は日本で一番の作家だ」── 「それはどうかな ── 彼の文体はやけに凝っているよ」(※確信がある)

know

last

続く、長持ちする

【解説】

　lastの原義は、「ある状態が続く」です。ここから①「物事がそのままの状態で一定期間続く」(例文1〜3)→②「生命・力などが長もちする、もちこたえる」(例文4〜6)のように意味が展開します。形容詞形のlastingは③「長もちする・長続きする」(例文7〜8)の意味です。なお、形容詞last(最後の)はlate(遅い)の最上級に由来しており、動詞のlastとは語源的には関連がありません。

　上述のように、lastは「期間」、あるいは「終わり」を意識した継続について使うのに対して、類義語のcontinueは「期間や終わりを意識することなく動作や状態が続く」(例文9〜10)、あるいは「中断後に引き続き継続する」(例文11〜12)という意味で用います。

① **last** 物事がそのままの状態で一定期間続く

1. How long does an earthquake usually **last**? 地震はどれくらい揺れが続きますか？
2. The Edo period **lasted** from 1603 to 1867, a total of 265 years. 江戸時代は1603年から1867年まで、計265年間続いた。
3. We saw two films **lasting** about 90 minutes each. 1本が約90分の映画を2本見た。

② **last** 生命・力が長もちする

4. Teach me how to make cut flowers **last** longer? 切り花を長くもたせる方法を教えてください。
5. Their marriage **lasted** for less than six months. 彼らの結婚生活は半年ももたなかった。
6. Alkaline batteries **last** about five times as long as manganese cells. アルカリ電池はマンガン電池の約5倍長もちする。

③ **lasting** 長続きする

7. The effect of alcohol drinking is long-**lasting**. 飲酒の影響は長い時間続く。
8. The Secretary-General of the United Nations promised to do whatever it takes to secure **lasting** peace in the world. 国連事務総長は世界の恒久平和を確立するためにあらゆる力を尽くすと約束した。

◇ **continue** 続く

9. As long as the Ebola outbreak **continues** in Africa, we need to be on guard. アフリカでエボラ出血熱の発生が続く限り警戒が必要である。
10. Due to **continued** low temperatures, all the crops failed. 低温続きのために、作物が軒並み不作だった。

◇ **continue** 中断後に～を継続する

11. We **continued** the discussion after a short break for lunch. 我々は昼食のために少し休憩した後、討論を続けた。
12. The search for the victims will be **continued** as soon as the weather improves. 遭難者の捜索は、天候が回復次第再開される。

last 99

learn

身につける

【解説】

　learn の原義は「経験しながら身につける」です。具体的には①「(見聞・学習・練習などを通して)知識・技術・常識などを身につける」(例文1〜5)ことです。また単に、②「聞き知る・耳にする」(例文6〜7)の意味でも使われます。

　「学ぶ」を意味する類義語の study は、learn のための一手段ですが、2つの語は類義語とは言えないほど異なるニュアンスを持っています。人は生まれるやいなや無意識に learn し始めますが、study するのは意識的であり、かつ物心がついて初めて可能です。「learn は五感を通して学ぶ」が、「study はおもに視覚を通して学ぶ」とも言えます。このことは study には「学ぶ」(例文8〜9)のほかに「じっくり見つめて調べる」(例文10〜11)の意味があることからも分かります。

① **learn**　知識・技術・常識などを身につける

1. One of the most common ways to **learn** is through reading books but you can also **learn** a lot from hobbies, jobs, and your friends.　もっともよくある学びの1つは読書を通してだが、趣味や仕事、友だちからも多くのことを学べる。

2. We need to review the ongoing disaster measures by making use of the lessons **learned** from this landslide.　今回の土砂災害から学んだ教訓を活かして、現行の災害対策のあり方を見直す必要がある。

3. You are always making excuses. You have to **learn** from your own mistakes.　君はいつも言い訳ばかりしているね。間違いから学ぶようにしなきゃ。

4. My boy, who has just turned four, has **learned** how to tie his own shoe laces.　息子は4歳になったばかりだが、靴のひもが結べるようになった。

5. The play is on Friday, but I haven't yet **learned** my lines completely.　芝居は今週の金曜日にあるが、僕は自分のせりふをまだ完全に覚えていない。

② **learn**　聞き知る・耳にする

6. We were very surprised to **learn** Kate got divorced again.　ケイトがまた離婚したと聞いてとても驚いた。

7. I **learned** of my former teacher's death in the obituary in the paper.　昔の先生のご逝去を新聞の死亡記事で知った。

◇ **study**　学ぶ

8. When I was at school I hated **studying** math.　学校では数学を学ぶのがいやだった。

9. I've only got one week left to **study** for my exams.　試験準備にあと1週間しかない。

◇ **study**　じっくり見つめて調べる

10. I often **study** my face in the mirror to check my makeup.　私はよく鏡に顔を映して化粧をチェックする。

11. She **studied** the embroidery closely to see how it was done.　彼女は刺繍がどのようにされているのか確かめようと作品を念入りに見た。

leave

去る

【解説】

　leave の原義は「残す」です。ここから ①「場所や人から離れる・去る」（例文 1～2）→ ②「物を残す」（例文 3～4）→ ③「（物や事柄を）そのままにしておく」（例文 5～7）→ ④「（責務を他者に）残す・任せる」（例文 8～9）→ ⑤「結果として後に残る」（例文 10～11）のように意味が展開します。いずれの場合も「人や場所、あるいは物事を後に残して離れる」という意味合いが底に流れています。

　なお、名詞用法では「休暇・許可」の意味で用います。これは「（持ち場を離れる）休暇・（持ち場を離れる）許可」とイメージすると捉えやすいでしょう。実例を数例挙げておきます：paid leave（有給休暇）、maternity leave（産休）、annual leave（年次休暇）、be absent without leave（無断欠席する）、leave of absence（休暇許可）。

① **leave** 場所や人から離れる・去る

1. Bob **left** college halfway through to set up a software firm. 　ボブは大学を中退してソフトウェアの会社を設立した。

2. I found a job in Tokyo, but I can't **leave** my sickly mother behind. 　東京に仕事が見つかったけど、病弱な母を置いていくことはできない。

② **leave** 物を残す

3. Please **leave** a message and your number after the beep. 　（留守番電話で）ピーという音の後に、伝言と電話番号を残してください。

4. **Leaving** a hair at a crime scene could be as damning as **leaving** a photograph of your face. 　犯罪現場に髪の毛１本を残すのは、顔写真を残すのと同じほどのへまになりかねない。

③ **leave** そのままにしておく

5. Plan your time. Don't **leave** everything until the last minute. 　計画を立ててやりなさい。何事でもぎりぎりまで後回しにするのはだめですよ。

6. Don't **leave** your car running while you run into a store to pick up something. 　ちょっと品物を買いに店に駆け込むとき、車のエンジンをかけたままではいけませんよ。

7. I handed in my paper, **leaving** the last question blank. 　最後の問題は白紙のままで（解答用紙を）提出した。

④ **leave** 残す・任せる

8. If anything should happen to me, I will **leave** everything to my son. 　私に万一のことがあったら、息子にすべてを任せる。

9. Doctors are reluctant to **leave** their hospitalized patients to the care of other doctors. 　医師は自分の診ている入院患者を他の医師の診療に任せるのを嫌うものだ。

⑤ **leave** 結果として後に残る

10. There was an explosion at the chemical factory, **leaving** 20 people dead or injured. 　化学工場で爆発が起こり、20人の死傷者が出た。

11. Not spending any time in sunlight might **leave** you deficient in vitamin D. 　日光をまったく浴びないとビタミンＤの不足になりかねない。

let

〜させてあげる

【解説】

　letの原義は「許す」です。たとえば、あなたが勉強を長時間強いられていると嫌気がさしてきます。そんな様子を見てお母さんが「もう遊びに行っていいよ！」と声をかけてくれます。これがletです。人が対象であれば、①「縛り・拘束をほどいてやる→望み通りにさせる」（例文1〜6）の意味になります。対象が感情を持たない物事であれば、②「縛りをほどく→起こるに任せる」（例文7）の意味になります。

　ちなみに、ビートルズの名曲"Let It Be"には③「物事をあるがままに任せる」（例文8〜10）のようなニュアンスがあります。さらに、対象が家屋や土地の場合には、賃貸料金の支払いを条件に④「家屋を解放する→賃貸しする」（例文11）の意味になります。letに一貫して流れるのは「縛りをほどいて自由に〜させてあげる」というニュアンスです。

① **let** 望み通りにさせる

1. **Let** me think about it a little more because I've never expected such a question.　そのような質問は予想してなかったので、もう少し考えさせてください。

2. My kid would play video games all day long if I **let** him.　うちの子ったら、黙っていたら一日中ゲームやってしまうでしょう。

3. You need to show your ID at the security gate to be **let** in.　構内に入れてもらうには守衛のところで ID の提示が必要だよ。

4. I never said, "I want to be alone." I only said, "I want to be **let** alone."　「一人になりたい」なんて言ってないよ。「一人にしておいて (= お節介はやめて)」と言っただけだよ。

5. I **let** them win, when I play games with children.　子どもとゲームするときは子どもに勝たせてやるようにしている。

6. If you know a better solution to this problem, **let** me know.　この問題のもっといい解き方があったら、教えて。

② **let** 起こるに任せる

7. **Let** it happen naturally because sleep won't come if you force it.　無理に寝ようと思っても眠りはやってこないので自然に任せなさい。

③ **let it be** あるがままに任せる

8. Just **let** it be. The more you interfere, the worse it will get.　そっとしておこうよ。干渉すれば、ますます事態はまずくなってしまうから。

9. I would **let** it be because we really don't know what their circumstances are at this time.　彼らの現状はどうなのかはっきりは分からないのだから、口出しは控えておこうと思う。

10. If you don't **let** it be, the wasp will come after you.　そっとしておかないと、ハチは追っかけてくるよ。

④ **let** 賃貸しする

11. The landlord has agreed to **let** the shop to us for 100,000 yen a month.　家主はその店舗を月 10 万円で貸してくれることになった。

look

〜に目を向ける

【解説】

　lookの原義は「何かに目を向ける」です。何かに「視線を向ける」と、視線の届く先のものが「目に入ってきます」。これら双方の動き（目を向ける＋目に映る）をlookで表します。もちろん、「何かに目を向ける」のは意志的な行為です。この意味で、lookを①単独で使う場合（例文1〜3）もありますが、視線を何のためにどのように送るかを示すために、②前置詞・副詞を伴う（例文4〜8）のが通例です。一方、③「何かが目に入る→何かの様子が見える」（例文9〜12）のは当然ながら無意志的な現象です。構文的に言えば、①〜②を他動詞（的）、③を自動詞（的）と言います。意味内容的に言えば、①〜②を「目の動きの描写」、③を「目に映る対象の描写」と言えましょう。

① **look** 目を向ける

1. **Look**! The defending champion is going to lose in the first round to an unseeded player. （TVを見ている人が他者に）見て！ 前回のチャンピオンが1回戦でノーシードの選手に負けそうだよ。
2. **Look**! **Look**! I'm sure that's Beat Takeshi! （町の中で）見て！ 見て！ あの人、ビートたけしだよ！
3. "May I help you?"—"I'm just **looking**, thank you." （お店で）「何かお伺いしましょうか？」——「いえ、ちょっと見せてもらっています」

② **look + 前置詞・副詞** 目を向ける

4. "It's time to go," she said, **looking** at her watch. 「もう、おいとましなければなりません」と、彼女は時計に目をやりながら言った。
5. I have to **look** after the children when they have no school. 学校が休みのときは子どもたちの世話をしないといけない。（※look（目をかける）after ~（~を追うように）→~の世話をする）
6. Where have you been? We've been **looking** for you. どこにいたのよ？ みんな探してたのよ。（※look（見る）for（~を求めて）→~を探す）
7. Police are **looking** into the disappearance of two girls. 警察は2人の少女の失踪事件を捜査している。（※look（見る）into（~の中を）→~を調べる）
8. **Look** out! (= Watch out!) A car is coming. 危ない！ 車が来てるよ。（※look（目を向けよ）out（外へ）→危ない！）

③ **look** 目に映る・見える

9. What's wrong? You **look** pale. どうしたの？ 顔色が悪いよ。
10. It **looks** like rain. (= It **looks** as if it's going to rain.) どうも雨になりそうだ。
11. My uncle had another stroke. I'm afraid things are **looking** bad for him. 叔父はまた脳梗塞(のうこうそく)になったよ。どうも容態が思わしくなさそうなんだ。
12. "I've already turned 60."—"You don't **look** your age." 「もう60歳になりました」——「そんなお歳には見えないわ」

love

～が大好きである

【解説】
　love の原義は「愛おしく思う」です。ここから ①「(気持ちを全部あずけて)～が大好きである」(例文1～6)の意味合いが生まれます。これに対して「～を好きである」の意味で類義語の like は ②「(判断をして)～を好む」(例文7～13)のニュアンスがあります。たとえば、子どもは I love you, mom.(ママ大好きだよ)とは言いますが、I like you, mom. とは言いません。love は「心(heart)から生まれる愛おしさの感情」、like は「脳(mind)を通して生まれる(判断による)好ましさの感情」と言えます。また、I don't like to ～とは言いますが、I don't love to ～と言わないのは、love の持つ「開放的かつ肯定的な感情」を否定することが不自然だからと言えます。日本語でも「好きではない」とは言いますが「大好きではない」とは言いませんね。

① **love** （気持ちを全部あずけて）〜が大好きである

1. I **love** to see the way little kids toddle along.　幼い子どもがよちよち歩いているのを見るのが好きだ。

2. We **loved** going to the beach when we were small.　僕たちは幼い頃、海へ行くのがとても好きだった。

3. "Would you like to go to the movies tonight?"—"I'd **love** to."　「今夜映画に行かない？」── 「行きたいわ」

4. "Why do kids **love** video games?"—"The short, and obvious, answer is, they're fun."　「なぜ子どもはゲームがあんなに好きなんだろう？」── 「ひと言でいえば面白いってことよ」

5. We **love** each other. We want to spend our lives together.　私たちはおたがいに大好きなの。一緒に生活したいの。

6. Many of her friends and **loved** ones visited her in the hospital.　多くの友人や身内の人が彼女を病院へ見舞った。(※loved one= 最愛の人、とくに身内の人))

◇ **like** （判断をして）〜を好む

7. What is it you **like** about the idea?　その案であなたが気に入っているのはどんなところですか？

8. "How did you **like** the movie?"—"It was so-so."　「映画どうだった？」── 「まあまあだったよ」

9. My parents **liked** Paul better than any friend I had ever had.　両親は僕の今までの友だちの中で、誰よりもポールが気に入っていた。

10. You can unsubscribe easily if you decide you don't **like** it.　好みでないと分かれば、簡単に定期購読をキャンセルできます。

11. Create your own itinerary, just as you **like**!　旅程は好きなように立ててください。

12. I didn't **like** my boss taking all the credit.　何でも自分の手柄にする上司が嫌いだった。

13. It wasn't exactly love at first sight but I did grow to **like** his sister.　一目ぼれってことではないけど、彼の妹がだんだん好きになった。

love　109

make

作る

【解説】

　make の原義は「力をこめて物を作る」です。ここから次のような意味の展開をします：①「材料を用いて新しい物を作る」（例文1～2）、②「（目指す）状態を作り出す→首尾よくこなす」（例文3～5）、③「（ある状態を作り出すために）人に強要する」（例文6～7）、④「（たまたま）ある状態を作る・状態になる→引き起こす」（例文8～11）、⑤「（好まざる）状態を作り出してしまう→しでかす」（例文12～13）。

　また、名詞用法では「製造元・メーカー」の意味で、Nintendo is one of the most popular makers of video games.（任天堂はファミコンの有名なメーカーの1つです）とか What make is your car?（君の車のメーカーはどこ？）のように用います。

① **make** 作る
1. Mom **made** coffee while the guests were finishing their dessert.　母さんはお客さんがデザートを終わりかけている間にコーヒーを入れた。
2. Can you **make** a fire without using matches or a lighter?　マッチやライターを使わずに火をおこすことができる？

② **make** 首尾よくこなす
3. I just managed to **make** the deadline.　締め切りになんとか間に合った。
4. We got to the station just in time to **make** the train.　ちょうど列車に間に合うように駅に着いた。
5. You have another chance if you can't **make** it this time.　今回だめでもまたのチャンスがあるよ。

③ **make** 強要する
6. I wanted to play a video game but my mom **made** me do my homework.　ゲームをしたかったけど、母さんに宿題をやらされた。
7. If he doesn't want to do it, we can't **make** him (do it).　彼がやりたくないないのなら、強要はできない。

④ **make** 引き起こす
8. This dress **makes** me look fat.　このドレスは太って見えるわ。
9. The incident **made** the front pages of the national newspapers.　その事件は全国紙の一面に掲載された。
10. Making a general comment about the weather **makes** a good opener for a conversation.　天気についてさりげない話をするのは、会話を始めるためのいいきっかけになる。
11. What **makes** humans different from other animals?　人間が他の動物とは異なるゆえんは何ですか？

⑤ **make** しでかす
12. There is no point in **making** a fuss about what is done.　済んでしまったことをとやかく言うのはナンセンスだ。
13. A small accident **made** a dent in the door of my car.　ちょっとした事故で車のドアにへこみができた。

mean

意味する、意図する

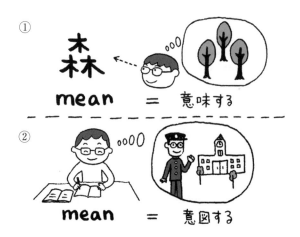

【解説】

　mean の原義は「意味する、意図する」です。「意味する」とは、①「言葉や記号が内蔵している意味を表に出して語る・示す→〜という意味になる、〜ということになる」(例文1〜7)ということです。つまり、言葉やありさまなど具体的に見えるものが、その背後にどういう意味を持っているかを表に出して言うことです。また、「意図する」も同様に、②「心に内在する見えないものを表に出して言う→〜と考える、〜をもくろむ、〜のつもりである」(例文8〜12)という共通の意味構造(=意味の仕組み)を持っています。

① **mean** ~という意味になる、~ということになる

1. What does this sentence **mean**?　この文はどういう意味ですか？
2. As a grade, C **means** "average" on a school report card.　成績の評価で、通知表の C は「可」を表す。
3. The flashing yellow light **means** you're running low on fuel.　黄色の光の点滅は、ガソリン残量が少なくなっていることを表している。
4. About 30,000 yen for medical treatment **means** a lot when you live on 200,000 yen a month.　月20万円で生活をする場合、3万円の医療費はこたえる。
5. Being a grown-up **means** accepting responsibility for what you do.　大人になるということは、自分の言動に責任を持つようになることだ。
6. "My son has his baseball game tomorrow."—"Oh, that **means** you can't come to the party, right?"　「明日、息子の野球の試合があるのよ」──「と言うことは、パーティーには来られないってことね？」
7. The earth's natural resources are finite, which **means** that if we use them continuously, we will eventually exhaust them.　地球の天然資源は有限だ。つまり、消費し続けるとやがて使い尽くしてしまうことになる。

② **mean** 人が意図する

8. Say what you **mean**.　思っていること(= 本心)を言いなさい。
9. Don't laugh! I **mean** it. (= I am serious.)　笑わないで！　本気なんだから。（※it=しゃべった内容）
10. I see what you **mean**, but I still think it's worth trying.　あなたの言いたいことは分かるけど、やはりこれはやってみる価値があると思うの。
11. I'm sorry if I hurt you. I didn't **mean** to. (= I didn't **mean** any harm.)　気分を悪くしたのならごめんなさい。悪気はなかったのよ。
12. There are occasions when you should not say what you **mean** or what you actually have in mind.　心にもないことを言わなくてはならない(= 本心を言うべきでない)ときもあるものだ。

meet

会う

【解説】

　meetの原義は「あるものとあるものがあう」です。ここから①「人と人が予定して会う」(例文1～2)→②「人と人が偶然出会う」(例文3～5)→③「道路や視線が会う・交差する」(例文6～7)→④「人が災難に遭う」(例文8～9)→「能力などが条件・基準に合う」(例文10～11)と意味が展開しています。

　日本語「あう」もほぼ同じ意味領域を持ち、その内訳を「会う、逢う、遭う、合う」と書き分けています。

　また、「会う」の意味で類義語のseeがあります。seeは「一方の移動・動きで会う」というイメージがありますが、meetは「双方の移動・動きによって会う」という含みがあります。

① | meet | 人と人が予定して会う |
1. Can you **meet** me at the airport?　空港まで迎えに来てもらえますか？
2. Math classes **meet** for 90 minutes twice a week.　数学の授業は 90 分間で週 2 回ある。

② | meet | 人と人が偶然出会う |
3. I have never **met** women as tall as she.　彼女のように背の高い女性に会ったことがない。
4. I **met** an old college friend when shopping downtown.　町で買い物をしているとき大学時代の友だちに会った。
5. We'll **meet** the defending champion team in the very first round of the tournament.　私たちはなんと前回の優勝チームと 1 回戦で当たる。

③ | meet | 道路や視線が会う・交差する |
6. The library is where Apple Street **meets** Washington Avenue.　図書館はアップル・ストリートとワシントン・アベニューが交差しているところにある。
7. The moment my eyes **met** hers, we fell in love.　彼女と目が会ったとたんに僕たちは恋に落ちた。

④ | meet with | 人が災難に遭う |
8. One of my cyclist friends **met** with an accident on this very road.　サイクリング友だちの一人がちょうどこの道で事故に遭った。
9. Most of the farmers here **met** with misfortune; their crops were flooded by torrential rains.　当地の農家の大部分が被害に遭った。農作物が集中豪雨によって冠水したのです。

⑤ | meet | 能力などが条件・基準に合う |
10. Do you think my paper **meets** the requirements for a doctor's degree?　私の論文は博士の学位を得るのに十分な条件を満たしていると思いますか？
11. Due to the lingering economic depression, many families are struggling to make ends **meet**.　長引く不況のために家計のやりくりに苦労している家庭が多い。（※make ends meet＝収支の帳尻を合わせる）

mind

気にとめる

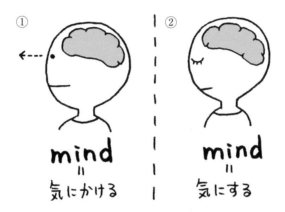

【解説】

　mind の原義は「考える」です。ここから①「物事の状態や人の行為などを気にかける・留意する」（例文1〜3）、②「物事の状態や人の行為などを気にする・気に病む」（例文4〜10）のように意味が展開します。②の場合は通例、否定・疑問・条件文で用います。

　名詞用法では mind は思考の宿るところであり、③「頭脳・思い・考え・意向」（例文11〜13）などの意味があります。mind はしばしば「心」とか「精神」などと訳されるために、mind は胸のあたりに存在すると考えがちですが、mind の宿るところは脳です。

① **mind** 気にかける

1. Sara couldn't go to the party because she had to stay and **mind** (= look after) the kids.　サラは家で子どもたちの世話をしなければいけないのでパーティーに行けなかった。

2. **Mind** (= Watch) your tongue.　言葉づかいに注意しなさい。

3. Would you **mind** (= watch〔keep an eye on〕) my bags while I get a ticket?　切符を買うので荷物を見ていてくれませんか？

② **mind** 気にする

4. I don't **mind** the snow. It's the rain I don't like.　雪は平気だけど、雨が嫌なのよ。

5. "Would you like tea or coffee?"—"I don't **mind**, either's fine."　「紅茶とコーヒーどちらがいいですか？」——「どっちでもいいですよ」

6. Don't **mind** her. She didn't mean what she said.　彼女の言ったことは気にしないで。彼女、本気で言ったのじゃないのだから。

7. Don't **mind** me. I'll just read until you finish.　私のことはお構いなく。何か読みながらお仕事が終わるまで待ちますから。

8. I'd like to ask you a few questions, if you don't **mind**.　少し質問させてもらっていいですか？

9. "Do you **mind** if I sit here?"—"No, please, the seat is free."　「ここに座っていいですか？」——「ええ、どうぞ、空いています」（※空いていなければ、"Sorry, but the seat is taken."「ごめんなさい、席は取ってあるのです」などと答える）

10. "Oh, I've broken the glass."—"Never **mind**, we can buy another one."　「コップ、割っちゃった」——「気にしないで、また買えばいいことだから」

③ **mind** 頭脳・思い・考え・意向

11. The **mind** works even when we're asleep.　脳は寝ているときでも活動している。

12. One who is always changing one's **mind** will never get anything done.　いつも心変わりしているような人は何事も成就(じょうじゅ)できない。

13. Who do you want to marry? Do you have anyone in **mind**?　誰と結婚したいの？　意中の人がいるの？

miss

狙った的を外す

【解説】

　missの原義は「狙った的を外す(当て損なう)」です。ここから①「(目標や機会など狙ったものを)取り逃がす・(乗り物に)乗り遅れる」(例文1〜4)→②「(授業や仕事を)欠席する・欠勤する」(例文5〜6)→③「(事故などを)免れる・それる」(例文7〜8)のように展開します。「免れる(= avoid, escape)」の意味が生まれたのは「(事故・災害などと)接触が起こらない→遭遇しない」というmissの物理的動き(=それる)のみを捉えているからです。さらに、missは④心理的に「人や事柄の不在を寂しく思う・懐かしむ」(例文9〜10)の意味でもよく用います。この意の成り立ちは「(そばにいる人やそばにある物事と)接触できなくなって寂しく感じる」です。つまり、接触できなくなることから生じる感情まで含意しています。

① **miss** 取り逃がす・乗り遅れる

1. We got there late and **missed** the beginning of the show.　遅れて着いたのでショーの始めを見損なった。

2. You can feel the cellphone vibrate, so you won't **miss** the incoming call in a noisy place.　携帯電話なら振動するから、騒がしい場所でも連絡が入ればちゃんと分かる。

3. The school has revealed that they **missed** an opportunity to stop the bullying that led to a student's suicide.　学校は一人の生徒の自殺につながったいじめを防ぐ好機を逃していたことを明らかにした。

4. I **missed** the bus this morning and had to wait half an hour for the next one.　今朝はバスに乗り遅れ、次のバスまで30分待った。

② **miss** 欠席する・欠勤する

5. The extended period of rehabilitation will probably cause him to **miss** the rest of the season.　リハビリ期間が延びたので、彼は残りのシーズンの欠場を余儀なくされるだろう。

6. If a student **misses** more than 8 hours, he or she is not permitted to take the final exam.　8時間以上欠席した学生は、最終試験を受けられない。

③ **miss** 免れる・それる

7. I narrowly **missed** being knocked over by a car.　もう少しで車にはねられるところだった。

8. Fortunately, the typhoon that was heading for this area **missed** us.　運よく、こちらに向かっていた台風はそれた。

④ **miss** 寂しく思う・懐かしむ

9. What do you **miss** most about living in the country?　田舎暮らしで一番懐かしく思うことは何ですか？（＝田舎暮らしができなくなって一番寂しいことは何ですか？）

10. I **miss** the days when we had nothing to worry about and played outside until it got dark.　無邪気に、暗くなるまで外で遊んでいたあの頃が懐かしい。

move

動く

【解説】

　move の原義は「動く、動かす」です。ここから①「(人や動物が)動く・(物を)移動させる」(例文1〜3)→②「(人や企業などが)引っ越す・移籍する・移る」(例文4〜6)のように展開します。これらは物理的な動きですが、心理的動きについても、③「気持ちや心を動かす」(例文7〜8)の意味で用います。

　形容詞の moving(心を揺さぶる)はこの意味から派生したもので、a moving story(感動的な話)、be very moving(とても感動的だ)などのように用います。

　名詞の move は通例④「(単発的な)動き」(例文9〜10)について使いますが、派生語の movement は⑤「(一定期間の連続的な)動き」(例文11〜12)について、motion は⑥「(静止に対する)動き」(例文13)について用います。

① **move** 動く・移動させる

1. Many of the grazing animals **move** a long way in search of food and water. 草食動物の多くは、食料と水を求めて長距離の移動をする。

2. Don't **move**! I'll take your picture. 動かないで！ 写真を撮るから。

3. We **moved** the table into the corner and arranged the chairs in a circle. テーブルを隅へ動かして、椅子を円形に並べた。

② **move** 引っ越す・移籍する

4. If you're **moving** overseas, you should get a car locally. 海外へ引っ越すのなら、車は現地で調達するほうがいいですよ。

5. Many U.S. corporations began **moving** their headquarters to lower-tax countries. 多くの米国企業が、本社を税金の安い国へ移し始めた。

6. After playing for 10 years for the Giants, he **moved** to the Lions. 彼はジャイアンツで10年間プレーした後、ライオンズへ移籍した。

③ **move** 気持ちや心を動かす

7. What **moved** you to live in such a deserted town? なぜそんなにさびれた町で暮らす気になったのですか？

8. Mary was **moved** to tears by her mother's heartfelt letter. メアリーは母の心のこもった手紙に感動して涙を流した。

④ **move** （単発的な）動き

9. The young challenger pondered his next **move** for a long time. （チェスなどで）若手の挑戦者は、次の一手を長考した。

10. Our **move** was completed without a hitch. The mover we hired was great. 引っ越しは無事に終わった。依頼した引っ越し業者はとてもよかった。

⑤ **movement** （一定期間の連続的な）動き

11. Nehru was one of the most important leaders of the Indian independence **movement**. ネールはインド独立運動のもっとも重要な指導者の一人だった。

12. There has been a constant population **movement** from rural areas to major cities. 地方から大都市への人口の移動が絶えず起こっている。

⑥ **motion** （静止に対する）動き

13. The moon is in **motion** around the earth. 月は地球の周りを回っている。

offer

差し出す

【解説】

　offer の原義は「of（〜へ向けて）fer（運ぶ）→生け贄を神に捧げる」です。ここから、①「他者に何かを差し出す→提供する」（例文1〜6）→②「提案などを他者に持ちかける→申し出る」（例文7〜9）のように意味が展開します。①の場合は「受諾を確信して何かを差し出す」、②の場合は「受諾を期待して持ちかける」というニュアンスがあります。

　また、名詞用法では③「申し出・提案・勧誘」（例文10〜12）の意味で使われます。カタカナ語「オファー」も英語と同様の意味合いで使われます。とくにビジネスの世界で、売り手もしくは買い手が条件を提示して取引相手の返事を求める意味で用いられます。

① **offer** 提供する

1. The college **offers** various kinds of grants or scholarships.　この大学はさまざまな助成金や奨学金を提供している。
2. The teacher walked around the classroom, **offering** hints by asking questions.　先生は質問でヒントを与えながら、教室内を歩いて回った。
3. We **offer** online counseling for those parents who have a child with problems.　私たちは問題を抱えた子どもを持つ親のために、ネット上で相談に応じます。
4. I would like to **offer** my congratulations to you on your graduation.　卒業に際して、お祝いの言葉を申しあげます。
5. This weather satellite **offers** long-term monitoring of the planet's land, water, and atmosphere.　この気象衛星は長期にわたり地球の海陸および大気の観測情報を送ってくる。
6. The library **offers** private meeting rooms for free.　この図書館は私的な集会のための部屋を無料で貸してくれる。

② **offer** 申し出る

7. I would like to **offer** you some suggestions for what to do while you are here.　あなたが当地に滞在中、何をしたらよいかを提案させてください。
8. The company **offered** me a higher salary than my current job, but I turned it down.　その会社は私の現在の職場の給与を上回る額を提示してきたが、断った。
9. An antiques dealer **offered** 1 million yen for the hanging scroll.　古物商が掛け軸を100万円で買いたいと提示してきた。

③ **offer** 申し出・提案・勧誘

10. Do not be deceived by **offers** that appear to be attractive.　魅力的に聞こえる勧誘にだまされないようにしなさい。
11. Thank you for your **offer**. I'll think about it.　お申し出に感謝します。（お受けするかどうか）考えてみましょう。
12. He trains every day, waiting for a good **offer** from a professional team.　彼はプロのチームからの誘いを待ちながら、毎日練習に取り組んでいる。

【解説】

　orderの原義は「整然と並ばせる」です。ここから大きく分けて、①「(順序通りに並ぶように)命令する→注文する」(例文1〜3)→ ②「(きちんと並ばせる)整える」(例文4〜5)のように意味が展開しています。命令のかけ声が意図するものは、物品の注文であったり、物事の秩序を求めていることは容易に理解できます。

　名詞用法も①と②の用法に対応して③「命令・注文」(例文6〜7)、④「順序・整頓・秩序」(例文8〜10)の意味で用います。また、⑤慣用句 in order to 〜が「〜するために」の意味になるのは「順を経て(= in order)〜に(= to)なるように」(例文11)の意味が底に流れているからです。

① order　命令する・注文する

1. I don't want to be **ordered** around by you.　あなたにはあれこれ指図されたくないわ。
2. The court threw out the conviction and **ordered** a new trial.　裁判所は有罪判決を却下し、再審を命じた。
3. You can **order** your tickets online.　チケットはネットで注文できますよ。

② order　整える

4. Can you **order** these historical events chronologically?　これらの歴史上の事件を時代順に並べられますか？
5. I struggled to **order** my thoughts (= put my thoughts in order) to get the message across.　私は明確に趣旨が伝わるように考えを整理するのに苦労した。

③ order　命令・注文

6. May I take your **order**? (= Are you ready to order?)　ご注文を受けたまわってよろしいでしょうか？
7. I quit drinking. I'm under doctor's **orders**.　僕は酒をやめたよ。ドクターストップがかかっているんだ。

④ order　順序・整頓・秩序

8. The authors' names are listed in alphabetical **order**.　著者名はアルファベット順に表記されています。
9. The teacher lined up her students in **order** from tallest to shortest.　先生は背の高い生徒から低い生徒の順に整列させた。
10. The new teacher found it very difficult to keep her class in **order**.　新任の先生は、クラスの子どもたちをうまく統制するのは容易ではないと思った。

⑤ in order to ～　～するために

11. The student from Vietnam worked as hard as he could in **order** to keep up with the others. (= The student from Vietnam worked as hard as he could in order not to fall behind the others.)　ベトナムからの留学生は他の学生に後れをとらないように懸命に学んだ。

owe

おかげをこうむる

【解説】

　oweは語源的にown(所有する)の関連語です。原義は「(他者の物品を自分のものにすることにより)支払いの義務が生じる」です。ここから金品の貸借関係において①「(相手に対して)借金・借りがある」の意味で用います(例文1〜3)。さらに比喩的な貸借関係において、②「(相手の奉仕や相手への損害に対して)感謝や謝罪などを言う義務がある」(例文4〜5)、③「(自己の成功・成果などに対して)おかげをこうむっている」(例文6〜7)、④「(相手の不徳に対して)容赦の義務がある」(例文8〜9)の意味で用います。これらの内容は多岐ですが、いずれも、原義である「受益をするとお返しの義務を負うことになる」という概念から展開しています。

　また、慣用句 owing to 〜 は⑤「〜の理由で・〜のために(= because of)」(例文10)の意味で使われますが「〜に負っている」という原義をとどめています。

① **owe**　借金・借りがある

1. Don't forget that you **owe** me 5,000 yen.　5,000 円貸しているのを忘れないでね。

2. I **owe** you a drink. You bought me a beer last time we were out.　この前出かけたときは君がビール代を払ってくれたから、お返しに僕がおごるよ。

3. Every Japanese citizen **owes** more than 8 million yen as their share of government debt.　日本政府の借金は国民一人当たりにすると 800 万円を超える。

② **owe**　感謝や謝罪などを言う義務がある

4. I **owe** you an apology for my hasty remark. I did not understand your circumstances at all.　軽率な発言を君に謝らないといけない。君の置かれている立場をまったく理解していなかったものだから。

5. I finally won the championship. I **owe** a debt of gratitude to all my family and teammates.　やっと優勝できた。家族の皆とチームメイトに感謝しないといけない。

③ **owe**　おかげをこうむっている

6. I **owe** what I am today to my parents.　今日の僕があるのは両親のおかげだ。

7. My prize-winning thesis **owes** much to my advisor.　私の受賞論文は指導教員のおかげによるところが大である。

④ **owe**　容赦の義務がある

8. I was stupid to cheat on my girlfriend; how can I convince her she **owes** me a second chance?　愚かにも彼女を裏切ってしまった。どうしたら、もう一度よりを戻してもらえるように彼女を説得できるだろうか。

9. Jennie plagiarized part of my dissertation, but given her past unique and creative achievements I feel like I **owe** her a second chance.　ジェニーは僕の論文の一部を盗用したけど、これまでの独創的な業績を考えて今回は許してあげたいと思う。

⑤ **owing to～**　～の理由で

10. **Owing** to strong winds, flights are being temporarily suspended.　強風のため、現在フライトを見合わせています。

pay

代金を支払う

【解説】

　相手の持ち物を無条件で自分の所有物にしてしまうと、当然「済まぬ(=澄まぬ)気持ち」が生じます。そんな気持ちを「解消する(=澄ます)」ために等価値のものを相手に返します。これが pay です。pay は pacify(気持ちを鎮める)と同語源です。pay は「払う」と訳されますが、「もめごとを払拭する→すっきりした気持ちにする」の意味が底に流れています。相手に返す等価値のものとして、もっとも普及しているのは ① お金(例文1〜6)です。社会生活ではお金や品物の貸し借りだけでなく、② 行為や行動(例文7〜12)にも貸し借りが生じます。つまり、好意に対しては恩で返し、悪意には報復で返します。このように相手から与えられるものにさまざまな形で報いることで、相互に鬱積する気持ちをすっきり払うのが pay のこころです。

① `pay`　金を払う

1. I **pay** 40,000 yen a month for this apartment.　このアパートに、1か月4万円払っている。

2. How much do you **pay** for electricity every month?　毎月いくら電気代を払いますか？

3. Her parents **paid** for her to study abroad in Canada.　彼女の両親は、彼女がカナダへ留学する費用を支払った。

4. He still hasn't **paid** me the money he owes me.　彼に貸しているお金をまだ返してもらえない。

5. In Japan most employees are **paid** monthly except for those hired as casual day workers.　日本では日雇い労働者を除いて、ほとんどの従業員は月単位で給料をもらう。

6. You are supposed to **pay** the bill if you ask her out on a date.　君が彼女をデートに誘うのなら、勘定は君が払うべきだよ。

② `pay`　報いを受ける・割に合う・敬意を払う

7. John wants to **pay** them back for their insulting remarks.　ジョンは無礼な発言にたいして奴らに仕返ししたいと思っている。

8. Human beings will **pay** for their indiscriminate destruction of the environment.　人類は止めどない環境破壊のしっぺ返しを食らうだろう。

9. It doesn't **pay** to be too humble in a job interview.　就職の面接では、あまりへりくだるといい結果につながらない（＝割に合わないことになる）。

10. Hard work always **pays** (off) in the long run.　懸命に努力すれば最後には報われるものだ。

11. Famous people often have to **pay** a price for their fame.　有名人は有名税（＝有名ゆえに生ずる不快や不都合などの代償）を払わねばならぬことがしばしばある。

12. President Obama visited Hiroshima and **paid** respect to the victims killed by the atomic bomb dropped on the city in 1945.　オバマ大統領は広島を訪問し、1945年の原爆投下によって犠牲となった人々に哀悼の意を捧げた。

pick

つつく

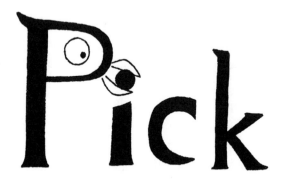

【解説】

　pick の原義は「つつく」です。この原義は3つの流れに分かれて展開していきます：①「(つつく→)ほじくる→こじあける」(例文1〜4)、②「(つつく)→ついばむ→選ぶ」(例文5〜7)、③「(つつく→)こづく→けんかを売る」(例文8〜9)の展開です。放し飼いのニワトリなどの行動には、これら3つの意味合い(つつく・ついばむ・こづく)が観察されます。

　名詞用法では、④「選択・好みのもの」(例文10)の意味でよく用います。派生語(名詞)には toothpick(つまようじ)、picking(ピッキング)、pickpocket(スリ)などがあり、①の意味展開から生まれています。派生語 picky(形容詞)は②の展開から生まれたもので⑤「好みにうるさい・気難しい」(例文11)の意味で用います。

① **pick** つつく・こじあける
1. Crows are often seen **picking** food out of the garbage.　カラスが生ごみをつついているのをよく見かける。
2. I often find myself **picking** my nose when I am lost in my own thoughts.　僕は考えごとをしているときによく鼻をほじる癖がある。
3. My wallet was **picked** out of the inside pocket of my jacket while I was on a crowded bus.　混んだバスの中でジャケットの内ポケットから財布をすられた。
4. Someone seems to have broken into my house by **picking** the lock.　誰かがピッキングして（＝錠をこじあけて）家に侵入したようだ。

② **pick** 摘み取る・選ぶ
5. **Pick** only the strawberries that are fully red.　真っ赤に熟れたイチゴだけ摘みなさい。
6. When buying a watermelon, **pick** one that is firm, symmetrical, and free of major bruises.　スイカを買うときは、堅くて形のよい、大きな傷のないものを選びなさい。
7. He **picked** his way carefully down the trail, avoiding stones and roots.　彼は石や根っ子をよけながら山道を注意深く下って行った。

③ **pick** けんかを売る
8. Are you trying to **pick** an argument with me?　おれの意見にいちゃもんをつけるつもりかい？
9. Ignore Bob. He is trying to **pick** a fight because he is irritated.　ボブを相手にするなよ。いらいらしてからもうとしているのだから。

④ **pick** 好みのもの
10. You have several colors of socks to choose, so take your **pick**.　ソックスの色はいくつか選べるので、好きなものを選んでください。

⑤ **picky** 好みにうるさい
11. She is **picky** about what she eats. (= She is a **picky** eater.)　彼女は食べ物の好みがうるさい。

picture

描く

【解説】

　picture の原義は「絵」です。ここから①「何かを絵に描く・写真に撮る」(例文1～2)→②「何かを心に描く・想像する、物事の全体像を描く」(例文3～6)のように意味が展開しています。①の場合は、通例 be pictured の形で用いられます。原義は「絵」という名詞ですが、それがそのまま動詞用法になるのは日本語にはない英語の特徴です。

　ところで、「絵」から「理解」への意味の展開過程は Every picture tells a story.(すべての絵は物語る)や、A picture is worth a thousand words. (百聞は一見にしかず)などのことわざからも確認することができます。

　名詞用法も③「絵・写真」(例文7～9)と④「物事の全体像」(例文10～12)の意味で用います。

① picture　絵に描く・写真に撮る

1. In Renoir's paintings, women are often **pictured** in the nude as plump and sensuous.　ルノアールの絵では、女性は衣装をまとわず、ふくよかで官能的に描かれていることが多い。

2. I'm **pictured** here with my mother who died when I was 5 years old.　僕は5歳の時に亡くなった母と一緒に、ここに写っている。

② picture　心に描く・想像する・全体像を描く

3. Can you **picture** what the world will look like in 100 years?　100年後の世界がどんなになっているか想像できますか？

4. When you think of fat in the human body, you may **picture** something like a block of lard.　人体の脂肪と言えば、たぶんラードの塊のような物を連想するでしょう。

5. It's hard for many people of today to **picture** a life without computers.　現代人の多くにとって、コンピュータのない生活は想像し難い。

6. We found it hard to **picture** her as the mother of three children.　彼女が3人の子持ちの母親だとは想像し難かった。

③ picture　絵・写真

7. Draw a **picture** of the things that you'd like to do during the summer vacation.　夏休みにやってみたいことを絵に描いてごらんなさい。

8. Why aren't you in any of the **pictures**?　君はなぜどの写真にも写っていないの？

9. We had our **picture** taken in front of the shrine.　神社の前で写真を撮ってもらった。

④ picture　物事の全体像

10. I gained a clear **picture** of how the new tax system works.　新しい税制の仕組みがよく分かった。

11. The police are trying to get the whole **picture** of the incident.　警察は事件の全容を把握しようと努めている。

12. The political **picture** of the world has changed a lot in the last couple of years.　ここ数年の間に世界の政治状況は大いに変わった。

pull

引っ張る

【解説】

　pull の原義は「植物の根を引き抜く」です。ここから①「(固定しているもの、重いものを)引き抜く・引っ張る」(例文1〜3)→②「(ポケットなどに入っているものを)引き出す・取り出す」(例文4〜5)→③「(努力で)自己を引っ張る・踏ん張る」(例文6〜7)→④「重力などが引っ張る」(例文8)→⑤「電車や車などが前進する・人が車などを動かす」(例文9〜10)のように多様な意味に展開します。⑤の意味は、動力源である機関車やエンジンが後続の客車や車体を力強く引っ張るイメージから生まれています。pull in〔into〕が「到着する」、pull out が「出発する」の意味になるのも、蒸気機関車の駅構内での姿を描写したことに始まっています。

① pull　引き抜く・引っ張る

1. **Pull** (= Draw) the curtains, please. It's dark outside.　カーテンを閉めて。外は暗くなっているわ。

2. The young couple were **pulled** from the car and beaten viciously by a gang of thugs.　若いカップルは暴漢たちに車から引きずり出され、ひどく殴られた。

3. Baby teeth come out on their own, and **pulling** them out prematurely can risk injury and infection.　乳歯は自然に抜けるので、無理に抜くと傷や感染の危険を伴う可能性がある。

② pull　引き出す・取り出す

4. He **pulled** his smartphone out of his pocket to check where he was.　彼はポケットからスマートフォンを取り出して、現在地を確認した。

5. How would you handle the situation if someone **pulled** a gun on you?　もし誰かが銃を取り出して君に突きつけたら、どう対応しますか？

③ pull　踏ん張る

6. The incubator helps premature babies **pull** through their critical stage of growth.　保育器は未熟児が生存の難しい期間を乗り越えるのに役立つ。

7. He **pulled** into a tie with Hideki Matsuyama for first place with his seventh birdie of the day.　彼はその日、7つ目のバーディを決め、首位の松山英樹に並んだ。

④ pull　重力などが引っ張る

8. The gravitational force from the moon **pulls** the oceans toward it, causing the rising and falling tides.　月の引力によって海洋が引き寄せられることで、潮の干満が起きる。

⑤ pull　電車や車などが前進する・人が車などを動かす

9. I was barely in time. My train was just **pulling** into the station.　ぎりぎり間に合ったよ。電車はちょうど駅に入ってくるところだった。

10. A woman driving on the road spotted a turtle, **pulled** over, and removed it from the road.　車を運転していた女性は路上にカメがいるのに気づき、車を脇に止めてどかせてやった。（※pull (a car) over= 車を脇に止める）

pull　135

push

押す

【解説】

　pushの原義は「押す・突く」です。ここから①「物や人を押す」（例文1～4）→②「(push oneselfで)おもむろに体を動かす」（例文5～7）→③「(行動を)強いる」（例文8～11）と展開します。「物理的力で押す→心理的圧力をかける→行動を強要する」のような展開は日本語でも、「(責任を)押しつける」「あの人は押しが利く」「威圧する」などの表現に見られます。

　ところで、英語の/p/音は、上下の唇を閉じた状態で、吐き出す息によって口の中の圧力を高め、閉じた唇の間を破るように発せられる音で日本語よりもずっと強い圧力がかかります。音が意味を体現しているわけです。press(押す)、print(印刷する)、puff(吹き出す)、pulse(脈打つ)などもその例です。

① `push` 物や人を押す

1. Let's move the table into the corner. You **push** and I'll pull.　テーブルを隅に動かそう。君は押して、僕は引くから。
2. The mayor **pushed** his way through the crowd of reporters to the car without saying a word.　市長はひと言もしゃべることなく、群がる記者たちを押し分けて車に乗り込んだ。
3. If two skaters, initially at rest, **push** against each other, they will both move.　最初は静止している２人のスケーターがたがいに押し合うと、両者とも動く。
4. As we decided what to order, I reached for the bell and **pushed** the button.　注文が決まったので、ベル（呼び鈴）に手を伸ばしボタンを押した。

② `push oneself` おもむろに体を動かす

5. He **pushed** himself away from the desk and went to the kitchen to retrieve something to drink.　彼は席をはずして、台所へ飲み物を取りに行った。
6. After getting a report about the event, the detective **pushed** himself in his chair.　事件の報告を受けると刑事はゆっくりと椅子に腰をおろした。
7. He put his elbows on the mattress and **pushed** himself up.　彼は肘をマットレスについて体をゆっくりと起こした。

③ `push` （行動を）強いる

8. I'm afraid you are **pushing** our kids too hard.　あなたは子どもたちに厳しすぎるんじゃないの。
9. Be kind to yourself. Don't **push** yourself too hard.　身体をいたわりなさい。無理をしてはだめですよ。
10. There are many children who are being **pushed** into learning almost as soon as they can talk.　しゃべれるようになるや、習い事を強いられる子どもが多い。
11. Don't disturb Dad! He seems to be so **pushed** 〔pressed〕 for time.　お父さんの邪魔をしないで！　とても忙しそうだから。

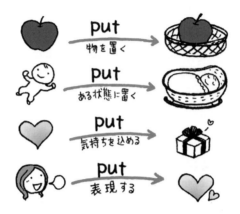

【解説】

　putの原義は「押しつける」です。基本義は①「ある場所に物を置く」(例文1〜5)です。ある場所に物を置くことは、前提として物の移動を伴います。基本義の背景には「物や人の移動」が意味合いの中に潜んでいます。さて、物をputすると物はその場にしっかり存在することになります。また、物だけでなく②「人をある状態・環境に置く」(例文6〜8)場合もあります。さらに、putは目に見える物や人に限らず、③「抽象的な事柄(努力・時間・金など)を傾注〔投入〕する・信頼を置く」(例文9〜10)こともあります。あるいは、④「頭の中にある考え・感情を口を通して声に出す・文字で表現する」(例文11〜12)こともあります。

① **put** ある場所に物を置く

1. I **put** the indoor plants near the window for sunlight.　観葉植物を日光に当てるため窓際に置いた。
2. **Put** books back where you found them.　本はもとの場所に戻しなさい。
3. We've **put** all the names and addresses of all our customers into the computer.　全顧客の住所氏名をコンピュータに入力した。
4. I always **put** 30,000 yen in my bank out of the monthly pay.　毎月の給料から3万円ほど預金している。
5. North Korea tested a long-range ballistic missile under the guise of **putting** a satellite in space.　北朝鮮は衛星を打ち上げる（＝衛星を宇宙に配備する）と称して長距離弾道ミサイルの実験を行った。

② **put** 人をある状態・環境に置く

6. Grandma became too weak to live on her own so we had to **put** her in a nursing home.　祖母は一人では生活できなくなったので、養護施設へ入れざるを得なくなった。
7. The mother **put** her baby to sleep on her lap.　母親は赤ちゃんを膝の上で寝かしつけた。
8. That student has a stunning singing voice that would **put** a professional to shame.　あの学生にはプロ顔負け（＝プロも恥ずかしくなるほど）のすばらしい歌唱力がある。

③ **put** 努力・時間・金を傾注する、信頼を置く

9. He **put** all the efforts into the new business.　彼は新規の事業に全力を注ぎ込んだ。
10. How much faith should we **put** in anti-ageing supplements?　老化防止のサプリメントって、どれくらい信頼が置けるの？

④ **put** 考え・感情を音声・文字で表す

11. I can hardly **put** my excitement into words.　この感動は言葉になりません。
12. Ideas can slip away very easily; **put** your ideas on paper right away.　アイディアは消えやすいものだ。ひらめいたらすぐに書きとめておきなさい。

raise

引き上げる

【解説】

　raise の原義は「起こす、立てる」です。ここから、①「(物や体の一部などを)引き上げる」(例文 1 〜 5)→ ②「物事の程度を高める」(例文 6 〜 8)→ ③「(疑問や感情などを)生じさせる・引き起こす」(例文 9)→ ④「子どもを育てる・野菜を栽培する」(例文 10 〜 11)のように展開します。「具体的な物を低い位置から上にあげる→生じさせる→大きくする→育てる」のように意味が展開しています。raise (育てる)を言い換えて bring up (引き上げる)と表現できるのは、このような意味の仕組みをよく物語っています。

　なお、raise は他動詞で「〜を上げる」の意味ですが、類義語の rise は自動詞で「上がる・昇る」(例文 12)の意味です。

① **raise** （物や体の一部などを）引き上げる

1. Please **raise** your hand and wait to be called on before speaking.　発言する際は、挙手して指名を待ってください。
2. When fans stood to give Ichiro an ovation, he **raised** his cap in a gesture of appreciation.　観客が立ち上がってイチロー選手に喝采(かっさい)を送ると、彼は帽子を取って頭上にかざし謝意を表した。
3. With a shaky hand, he slowly **raised** the cup to his lips.　彼は震える手でカップを口元へゆっくり運んだ。
4. In Japan **raising** the middle and index fingers is a symbolic gesture of victory.　日本では、中指と人差し指を立てるしぐさは、勝利を意味する。
5. The center portion of the bridge is regularly **raised** to allow ships to pass beneath.　橋の中央部は船を通すために定期的に引き上げられる。

② **raise** 物事の程度を高める

6. Melting icebergs from global warming are **raising** ocean levels in the world.　地球温暖化によって溶ける氷河は、世界の海面を上昇させている。
7. Please don't **raise** your voice!　声を荒げないで！
8. Being overweight may **raise** the risk of a stroke.　太っていると脳卒中の危険性が高まる傾向がある。

③ **raise** （疑問や感情などを）生じさせる・引き起こす

9. The incident **raised** the question of how far free speech and expression are allowed.　その事件は、どこまで表現の自由が許されるのかという問題を提起した。

④ **raise** 子どもを育てる・野菜を栽培する

10. Tony's father died when he was 8, and he was **raised** by his mother.　トニーは8歳の時に父親を亡くし、母親に育てられた。
11. We **raise** tomato plants from seed in a heated greenhouse.　私たちはトマトを温室で種から育てる。

◇ **rise** 上がる・昇る

12. Gasoline prices have **risen** for the third successive year.　ガソリン価格は3年連続で上昇した。

【解説】

　reach の原義は「(手などを)差し出す」です。類義語の arrive が「(単に物理的に)到着する」の意味に対して、reach は「(時間や労力を費やして目的地へ)到達する・届く」という意味合いがあります。方向的には、「arrive は向こうからこちらへ着く、reach はこちらから向こうへ着く」というニュアンスの違いがあります。

　基本義は①「手を伸ばす・(人や物に)達する・届く」(例文1〜5)→②「(自然現象などが)ある状態・数量に達する」(例文6〜8)と展開します。さらに、比喩的に③「(能力・努力・工夫などによって)目標点へ到達する」(例文9)のように展開します。

　名詞用法では④「届く範囲」(例文10〜11)の意味でよく使われます。

① **reach** 達する・届く

1. Will you bring the stepladder? I can't **reach** the top shelf.　脚立を持ってきてくれない？　一番上の棚に手が届かないの。
2. The beach on the other side of the island can only be **reached** by boat.　島の反対側にある海岸へは、船でしか行けません。
3. You can **reach** me at this number.　この番号へお電話くだされば、私に連絡がつきます。
4. I have some suggestions about the issue. How can I **reach** the mayor in person?　その件について提案があるのですが、どうしたら市長に直接会えますか？
5. At the final hole, Ryo Ishikawa **reached** the green in two for an eagle try to share the lead.　最終ホールで石川遼は2打でグリーンに乗せ、イーグルで首位に並んだ。

② **reach** ある状態・数量に達する

6. The total rainfall is expected to **reach** 80 to 100 millimeters in the midtown area.　総雨量は市街地で80〜100ミリに達すると予測されている。
7. They say our ability for rote learning **reaches** its peak in our early teens.　私たちの暗記力は、10代の初め頃頂点に達すると言われている。
8. I was baptized before I **reached** the age of reason.　私は判断力がつく前に洗礼を受けていた。

③ **reach** 目標点へ到達する

9. At the end of the regular season, the top three teams will **reach** the Climax Series of each league.　レギュラーシーズン終了時、上位3チームが各リーグのクライマックス・シリーズに進出できる。

④ **reach** 届く範囲

10. Keep medicine out of the **reach** and sight of children.　薬は子どもの手と目が届かない場所に保管しなさい。
11. If things go on like this, our team will be within **reach** of the championship.　この調子で行くと、僕らのチームは優勝圏内に入れそうだ。

【解説】

　readの原義は「〜を読み、解釈する」です。ここから①「書いてあるもの(本・文字・記号などを)読む」(例文1〜5)、②「書かれていないもの(状況・心・表情などを)読み取る」(例文6〜11)のように展開します。

　さらに「計器や看板など＋read」の形で、③「計器の数値が〜と読める」(例文12)、④「看板などに〜と書いてある」(例文13)のような意味で用いられます。①と②は日本語の「読む」にも同様の用法がありますが、③と④は日本語の用法にはない、ややフォーマルな表現です。

① **read** （本・文字・記号などを）読む

1. **Read** the manual carefully before you use the appliance. この器具を使用する前に説明書をよく読んでください。（※目で読む）

2. My mom used to **read** stories to me when I was young. 子どもの頃、お母さんはよく物語を読んで聞かせてくれた。（※声に出して読む）

3. I **read** in the paper that the flu is on the increase in the Kanto region. 関東地方でインフルエンザが流行していると新聞で知った。（※読んで知る）

4. Although I can't **read** music, I can play the piano by ear. 僕は楽譜が読めないが、聞き覚えでピアノが弾ける。（※music＝楽譜〔音符〕）

5. I'm not very good at **reading** maps. 地図を読むのが苦手だ。（※読み取る）

② **read** （状況・心・表情などを）読み取る

6. To be a good hitter, you need to be able to **read** a pitch. 好打者になるには配球を読む能力が必要だ。（※pitch＝投球〔球種〕）

7. Some of the strongest chess players can **read** up to 40 moves ahead. チェスの名手の中には40手先まで読める人がいる。（※move＝差し手）

8. I tried to put on a poker face so that my opponent could not **read** my embarrassment. 相手に動揺をさとられないように平静を装った。

9. **Reading** between the lines, I think she doesn't want to go out with me anymore. 行間から察すると、彼女は僕とはもう付き合いたくないようだ。

10. Those with Asperger's syndrome may fail to **read** people's faces or the situation around them. アスペルガー症候群の人は顔の表情や、その場の空気を読めないことがよくある。

11. You are likely to **read** too much into what your doctor says. 君は医者の言うことを深読みする〔考えすぎる〕傾向があるよ。

③ **read** （計器の数値が〜と）読める

12. The thermometer in the yard **read** 22 degrees this morning. 庭の寒暖計では今朝は22度だった。

④ **read** （看板などに〜と）書いてある

13. The sign on the door **read**: 'No Entry.' ドアの掲示に「入室禁止」と書いてあった。

realize

〜であると気づく

【解説】

　realize の原義は「real(現実)lize(にする)」です。ここから ①「意図や企画を実現する・思いが現実になる」(例文1〜3) → ②「(物事の真実・現実を)さとる・気づく・実感を持って分かる」(例文4〜9)のように展開します。

　名詞形 realization も「実現・さとり」の意味で、たとえば、realization of a life-long dream(長年の夢の実現)、a sudden realization(はっと気づくこと)のように用います。

　また、「気づく」の意味の類義語である recognize は「(過去の体験や知識から)識別する・気づく」(例文10〜12)ことです。realize の「(知らなかったことを)さとる、そうなんだと気づく」との違いに注意しましょう。

① **realize** 〜を実現する

1. My sister has finally **realized** her ambition of becoming an Olympic athlete.　姉はついにオリンピック選手になる夢をかなえた。
2. Teachers have to try to help all of their students **realize** their full potential.　教師は、生徒が各自の可能性を最大限に発揮できるように努めなければならない。
3. In the past 12 months, the firm **realized** a double-digit increase in sales.　過去12か月で、その会社は売り上げで2けたの伸びを達成した。

② **realize** 気づく・実感を持って分かる

4. Children are quick to **realize** if their parents are serious or not about what they say.　子どもは親が本気で言っているかそうでないかは、すぐに気づくものだ。
5. It did not take long for the new teacher to **realize** what was happening at school.　間もなくして、新任の先生は学校で何が起こっているかに気づいた。
6. When you **realize** you've made a mistake, take immediate steps to correct it.　間違いに気づいたら、すぐに訂正の手段を取りなさい。
7. I have **realized** that if I relax, I can play better.　力を抜くと、上手にプレーできることに気づいた。
8. I don't think you **realize** how you are affecting me with your words.　あなたの言葉が私をどれほど傷つけているか、分かっていないと思う。
9. The defense lawyers **realized** there would be difficulties in discrediting the evidence.　弁護団は、出された証拠を否定するのは難しいと気づいた。

◇ **recognize** 識別する・気づく

10. I did not **recognize** you. You dyed your hair.　あなただと気づかなかったよ。髪を染めたんだね。
11. I immediately **recognized** the handwriting was my father's.　その筆跡は父のものだとすぐに分かった。
12. Unbelievably, she put down the phone the instant she **recognized** my voice.　驚いたことに、彼女は僕の声だと分かった途端に電話を切った。

refer

〜に言及する

【解説】

　refer の原義は「re(もとへ)fer(運ぶ)→〜へ差し向ける」です。主たる意味は、①「人や物事をある場所に向かわせる→差し向ける」(例文1〜3)、②「発言をある件に向かわせる→言及する」(例文4〜5)、③「文献や参考資料に向かわせる→参照する」(例文6)です。

　名詞形の reference が④「参照・文献」(例文7〜8)と訳されるのは、「疑問・調査を差し向けること・差し向ける先」だからであり、⑤「言及」(例文9)と訳されるのは、「発言をある件へ向かわせる」からです。また、派生語の1つである referee が⑥「審判」(例文10)と訳されるのは、「判定を差し向け(= refer)られた人(= -ee)→判定をゆだねられた人」だからです。

① **refer + 人・物事 + to～**　(人や物事を)～へ差し向ける

1. Would you **refer** me to a piano teacher who teaches privately?　個人的に教えてくれるピアノの先生を紹介してもらえませんか？
2. When I had a mysterious rash, my doctor **referred** me to an allergist.　妙な発疹ができたとき、かかりつけの医者はアレルギーの専門医を紹介してくれた。
3. Japan decided to **refer** the territorial issue to the International Court of Justice.　日本は領土問題を国際司法裁判所に任せることを決めた。

② **refer to～**　～について言及する

4. What does "it" in the third line **refer** to?　3行目のitは何を指していますか？
5. New York City is often **referred** to as "the Big Apple."　ニューヨークを指して、よく「ビッグ・アップル」と言う。

③ **refer to～**　～を参照する

6. He lectured **referring** to his notes.　彼はメモに目をやりながら講義をした。

④ **reference**　参照・文献

7. I usually use a post-it note while reading for later **reference**.　後から参照するために、読書のときはたいてい付箋を使う。
8. There is a list of **references** at the end of each chapter.　各章の終わりに参考文献のリストがあります。

⑤ **reference**　言及

9. The minister's passing **reference** to women's role in society aroused much criticism.　女性の社会的役割に関して大臣のふともらした発言が大きな物議をかもした。

⑥ **referee**　審判

10. "Contact" sports, like boxing or rugby, tend to use the term "**referee**." "Non-contact" sports, like tennis or baseball, tend to use the term "umpire."　ボクシングやラグビーなど身体の接触があるスポーツでは「レフリー」、テニスや野球など身体の接触がないスポーツでは「アンパイア」という用語を使う傾向がある。

remember

思い出す

【解説】

　remember の原義は「re（再び）member（心にとどめる・思う）→心に呼び戻す」です。ここから、①「（過去の事や名前のような既得の情報を）思い出す」（例文1〜5）→ ②「（すべきことを）覚えておく・心得る」（例文6〜10）と意味が展開します。「心に呼び戻す」とは、「過去のことを思い出す」ばかりではなく、「未来にすべきことを忘れずにいる」の意味でも用いられることを確認しておきましょう。

　また、remember は③「よろしく（と）伝える」（例文11）、「人々の記憶に残る」（例文12）、「（死者を）追悼する」（例文13）のような場面でもよく使われますが、いずれも原義の「心に呼び戻す・記憶にとどめる」が根底にあります。

① **remember**　思い出す

1. When I hear this piece, it makes me **remember** the distant past in my school days.　この曲を聴くと遠い学校時代のことを思い出す。
2. I often have trouble **remembering** people's names.　人の名前を思い出せないことがよくある。
3. I suddenly **remembered** that I didn't lock the back door.　裏口のかぎをかけ忘れたことをふと思い出した。
4. I **remember** our first date as if it were yesterday.　私たちの初めてのデートを、昨日のことのように覚えている。
5. I've been a Yankees fan (for) as long as I can **remember**.　昔からのヤンキース・ファンです。

② **remember**　覚えておく・心得る

6. **Remember** to wake me up at seven.　7時にちゃんと起こしてね。
7. Please **remember** (= don't forget) all your belongings when you get out of the cab.　タクシーを降りるとき、忘れ物がないように気をつけてください。
8. When reporting, you must **remember** not to use second-hand information.　報告する際は、また聞きの情報を使わないように心得ておきなさい。
9. **Remember** that processed food is usually full of salt and sugar.　加工食品はたいてい糖分や塩分をたくさん含んでいることを忘れないようにしなさい。
10. It is important to **remember** that any news source is biased in some way.　どんなニュースでも、何らかの先入観が入っていることを知って〔心得て〕おくことは大切だ。

③ **remember**　・よろしく(と)伝える、人々の記憶に残る・追悼する

11. Please **remember** me to your parents.　ご両親によろしくお伝えください。
    (※me= my greetings〔my best regards〕)
12. Thomas More is **remembered** for his book "Utopia."　トーマス・モアは彼の著書『ユートピア』で世に知られている。(※be remembered= 人々に知られている)
13. We offered a silent prayer to **remember** the victims of the tragedy.　悲劇の犠牲者を追悼するために黙祷(もくとう)した。(※remember= 故人のことを思い起こす)

run

走る

【解説】

　run の原義および基本義は ①「走る」（例文 1〜3）です。「リズミカルに、歩が進み・歩を進め、ことが進み・ことを進める」というイメージです。人や動物は run して自身を動かし、急いだり、競争したりします。(車などの)機械は自体を動かし、作動します。同じ競争でも ②「選挙戦に出る→出馬する」（例文 4）という用法もあります。さらに、人が ③「事業や組織を経営・運営する」（例文 5）という意味にも展開します。また、④「水や時、さらには血統が流れる」（例文 6〜9）現象にも用いられます。

　run は現代分詞形で使われることも多く、その意味合いはいずれも ⑤「よどみなく流れるような（動き）・連続する（動き）」（例文 10〜11）をイメージしています。

① `run` 走る
1. Usain Bolt can easily **run** 100-meters in under 10 seconds.　ウサイン・ボルトは 100 メートルを楽々 10 秒を切って走れる。
2. We let the dog **run** free in the yard.　うちの犬は庭では放し飼いしている（＝自由に走り回らせている）。
3. This car **runs** almost 35 kilos on a liter of gas.　この車はリッター 35 キロ近く走る。

② `run` 選挙に出馬する
4. Hillary Clinton announced her decision to **run** for the 2016 presidential election.　ヒラリー・クリントンは 2016 年の大統領選挙に出馬を決めたと発表した。

③ `run` 営む
5. My uncle has long **run** a mail-order business selling imported goods.　叔父は輸入品の通信販売業を長く営んでいる。

④ `run` 流れる
6. The Mississippi River **runs** into the Gulf of Mexico.　ミシシッピ川はメキシコ湾に注いでいる。
7. Don't leave the tap **running** while you brush your teeth.　歯を磨いている間、蛇口から出る水を流しっぱなしにしてはだめですよ。
8. Since we are **running** short of time for Chapter 3, we'll skip the last exercise.　3 章を学習する時間がなくなってきたので、最後の練習問題は省略します。（※running= 刻々と時間が流れる）
9. Nearsightedness or farsightedness may **run** in families.　近視や遠視は遺伝しやすい。（※run= 血が家系に流れる）

⑤ `running` 流れるような(動き)・連続する(動き)
10. My baby's nose is **running**. I'm afraid he's got a cold.　赤ん坊が鼻水を流しているの。風邪をひいたのかしら。（※running= 液状のものが流れている）
11. We won the championships for the third year **running**.　3 年連続で選手権大会を制した。（※running= 連続で）

save

救う

【解説】

　saveの原義は「消費しないで残しておく」です。ここから①「(生命・物事を残して、その存在の消失を)救う・防ぐ」(例文1〜5)→②「(残して)蓄える」(例文6〜10)→③「(残して)節約する」(例文11〜14)のように意味が展開しています。

　この展開を理解するために具体的場面を考えてみましょう。たとえば、飼っている4羽の七面鳥のうち3羽を食べるとします(イラスト)。それは残る1羽の命を「救う」ことになります。これを別の角度から見ると「(我慢や努力をして)蓄える」ことになります。もう1つ別の角度から見ると「(むやみな消費を抑え)節約する」ことになります。

① save　救う・防ぐ

1. The new president **saved** the company from bankruptcy.　新社長が会社を倒産の危機から救った。
2. Music **saves** me when I'm sad and enhances my happiness.　音楽は私が落ち込んでいるときに助けてくれ、幸福感を高めてくれる。
3. Money from local businesses helped **save** the school from closure.　地元企業からの献金でその学校は閉校を免れた。
4. The doctors did everything they could to **save** the girl, but in vain.　医師団は少女を助けるためにあらゆる手を尽くしたが、だめだった。
5. The goalkeeper **saved** three penalty kicks in the shoot-out.　ゴールキーパーはPK戦でペナルティーキックを3本止めた。

② save　蓄える

6. I'm **saving** for a new car.　新車を買うために貯金している。
7. I've **saved** some food for you.　料理を（全部食べずに君のために）少し残しておいたよ。
8. I **save** ten percent of what I earn.　稼ぎの1割を貯金している。
9. Teach me how to **save** photos to my computer from a digital camera.　デジカメの写真をパソコンへ保存する方法を教えてください。
10. He's **saving** his strength for the second half of the race.　彼はレースの後半に備えて力を温存しながら走っている。

③ save　節約する

11. You can **save** 500 yen if you buy your tickets in advance online.　ネットで前売り券を購入すれば500円のお得になります。
12. You **save** five dollars when you order two!　2つ注文すれば5ドル安くなります！
13. **Save** energy by turning off lights when you are not using them.　照明を使わないときはスイッチを切ってエネルギーを節約しなさい。
14. If you take this route it will **save** you about 30 minutes on the trip.　このルートで行くと約30分早く着きますよ。

say

~であると言う

【解説】

　sayの原義および基本義は①「~であると言う」(例文1~9)です。sayの内容は漫画や劇画で言えばバルーン(吹き出し)の中に書かれる部分です。つまり、sayは言葉の内容に重点が置かれます。名詞用法で、sayが②「意見・発言(権)」(例文10)の意味を持つゆえんです。

　ここで、発話を意味する類義語(speak、tell、talk)と比べてみましょう。sayが発する内容に重点が置かれるのに対して、speakは「言葉を発する」(例文11~12)行為・動作そのものに注目しています。したがって、sayは他動詞的であり、speakは自動詞的です。この点ではsayはtell(語る)、speakはtalk(しゃべる)によく似ています。また、sayやspeakでは、聞き手の存在は必ずしも意識されませんが、tell(例文13)やtalk(例文14)では、聞き手の存在がつねに意識にのぼる点が大きな違いです(178ページ、tellの項目を参照)。

① **say** 〜であると言う

1. Sara **said**, "I am sick." (= Sara **said** that she was sick.)　サラは「気分が悪い」と言った。
2. Could you **say** that again?　もう一度言ってくださいますか？
3. Go and **say** you're sorry to your teacher, Tom.　トム、先生のところへ行って謝りなさい。
4. I didn't agree with him and I **said** so.　彼には賛成できないので、その旨を伝えた。
5. It goes without **saying** that smoking is harmful.　喫煙が有害なのは言うまでもない。
6. Let's eat out this evening. What do you **say**?　今晩は外食しましょうよ。どう？
7. You can **say** all that, but he has a good side, too.　確かにそうだけど、彼にもいいところがあるよ。
8. We want to know what you have to **say**.　ご意見をお聞かせください。
9. You can **say** that again! (= You've **said** it!)　まったくその通りですね！

② **say** 意見・発言（権）

10. The workers have no **say** in how the company is run.　従業員は会社の経営方針に口をはさむことができない。

◇ **speak** 言葉を発する

11. What languages are **spoken** in Switzerland?　スイスでは何語が話されていますか？
12. Jim was so shocked he couldn't **speak** for a few minutes.　ジムはあまりのショックにしばらく口がきけなかった。

◇ **tell** 語る

13. Why didn't you **tell** me about the matter earlier?　なぜこの件について、もっと早く知らせてくれなかったの？

◇ **talk** しゃべる

14. I could hear Sara and John **talking** in the next room.　サラとジョンが隣の部屋で話し合っているのが聞こえた。

search

探し回る

【解説】

　インターネットの検索用プログラムを search engine（検索エンジン）と呼ぶようになって以来、search は「検索する」の意味でビジネスや IT の世界で多用されるようになりました。

　さて、search の原義は「あちこち歩き回る」です。ここから「物や人の所在を求めて探し回る→情報などを求めて検索する」のように意味が展開しています。構文の型は①「search ＋ 場所（所持品・人体）」（例文 1〜3）、②「search ＋ 場所 ＋ for ＋ 求める物」（例文 4〜6）、③「search for ＋ 求める物」（例文 7〜9）があります。原義が「歩き回る」であることを考えれば、「search ＋ 求める物」とはならず、「search ＋ 場所」の構文になることが理解できます。

　名詞用法では④「捜索・追及・検査」（例文 10〜11）などの意味で使います。

① search ＋ 場所（所持品・人体）

1. The police are **searching** a park where a missing girl was last seen.　警察は行方不明の少女の姿が最後に目撃された公園を捜索している。

2. Police officers in general need a warrant before **searching** an arrested person's cellphone.　警察官が検挙した者の携帯電話の内容を調べるには、原則として令状が必要になる。

3. The man stopped by the police was questioned and **searched**.　警察に呼び止められた男は尋問とボディーチェックを受けた。

② search ＋ 場所 ＋ for ＋ 求める物

4. The police **searched** the office for documentary evidence.　警察は証拠書類を押収するために事務所を捜索した。

5. I often have to **search** the whole house for my misplaced car keys just before leaving.　僕は出かける直前になって車のキーが見つからず、家中を探し回ることがよくある。

6. Survivors were **searching** the debris of their homes for clothing and other usable belongings.　生き残った人たちは、自宅のがれきの中から衣類や役立つ品物を探していた。

③ search for ＋ 求める物

7. The police are **searching** for clues concerning a suspicious fire that happened last night.　警察は昨夜の不審火の手がかりを捜索している。

8. Firefighters are **searching** for any more casualties in the mudflow.　消防士たちは土石流の犠牲者が残っていないか捜索している。

9. My wife often uses websites to **search** for furniture and kitchen utensils.　妻はよくウェブサイトで家具や台所用品の検索をする。

④ search　捜索・追及・検査

10. A **search** of the suspect's house revealed several plastic bags containing stimulant drugs.　容疑者宅の捜索で、覚醒剤の入ったビニール袋がいくつか見つかった。

11. After the incident, a more stringent body **search** was implemented at the airport.　事件後、空港でのボディーチェックがより厳しくなった。

see

見る、見える

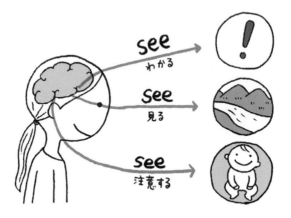

【解説】

　seeは大きく分けると「見る」と「分かる」の意味になります。これを三段論法で説明すると：まずTo see is to get the picture.(見るとは心に像を描くこと)です。次にTo get the picture is to understand.(心に像を描くとは分かること)です。よってTo see is to understand.(見るとは分かること)が導き出されます。

　さて、seeは「見る」が原義で、文脈によって、①「(目で)見る→物を見る→出会う→体験する」(例文1～5)、②「(脳で見る→脳内に描く→)考える→判断する」(例文6～9)のように展開します。さらに、③「(心でしっかり)見る→目を配る・注意を払う」(例文10～12)という意味に広がっています。

　seeは、日本語の「見る」が、「花を見る(視覚)、馬鹿を見る(経験)、劣勢と見る(推測)、赤ちゃんを見る(注意)」のように多義にわたるのに似ています。

160

① see　見る・会う・体験する

1. It pains me to **see** my son getting criticized in public.　息子が皆の前で非難されているのを見るのはつらい。
2. Guess who I **saw** at the party last night.　昨夜のパーティーで誰に会ったと思う？
3. Did you know that he is **seeing** a married woman?　彼が既婚女性と付き合ってること知ってた？（※be seeing＝see（会う）の繰り返し→交際する）
4. Once you've learned to optimize your time, you'll **see** better results.　時間を有効に使えるようになったら、もっとよい成果が得られるでしょう。
5. More money must be invested if we want to **see** an improvement in productivity.　生産性を改善したいなら、もっと資金を投入しなければならない。

② see　分かる・考える・判断する

6. Do you **see** the difference between these two theories?　この２つの理論の違いが分かりますか。
7. "Who is the director of the movie?"—"Let's **see**. Who is it?"　「この映画の監督は誰なの？」――「え〜と、誰だっけ？」
8. Some say that the free trade agreement will destroy Japan's agriculture, but I don't **see** it that way.　自由貿易協定は日本の農業を滅ぼすと言う人がいるが、私はそうは思わない。
9. As I **see** it, there is no alternative but a reduction in force.　私の見るところでは、人員削減以外に策がない。

③ see　注意を払う

10. **See** that all the doors are locked before you leave.　出かけるときは、ドアがみなロックしてあるか注意してね。
11. When you go for an interview, **see** to it that you are neatly dressed.　面接に臨む際は、きちんとした服装をするように気をつけなさい。
12. The police have launched a crackdown on reckless driving; **see** that you don't get a ticket for speeding.　警察が無謀運転の取り締まりを始めたよ。スピード違反の切符を切られないように注意してね。

set

据える・置く

【解説】

　setの原義は「(ある場所に)据える・置く」です。ここから①「物の位置を定める」(例文1〜2)→②「ことのあり方を定める」(例文3〜5)→③「物事をある状態にする」(例文6〜7)と意味が展開します。さらに④「定める→(物を)固める→(物が)固まる」(例文8)という意味にもなります。

　また、⑤setは副詞を伴って多様な意味を表します：set(態勢を定める)＋about(〜に関係する)→「〜に取りかかる」(例文9)、set(状態に置く)＋in(中に)→「到来する・始まる」(例文10)、set(状態に置く)＋off(常態・正常から離れて)→「誘発する」(例文11)、set(置く)＋up(上に)→「立ち上げる」(例文12)などの意味があります。

① set 　物の位置を定める

1. Do you **set** your alarm clock even on your day off?　休日でも目覚まし時計をかけるの？　（※時計の針の位置を定める）
2. Could you **set** the table for dinner?　食事の準備をしてくれますか？　（※フォーク、皿、料理などをテーブルに並べる）

② set 　ことのあり方を定める

3. Teachers have to **set** an example by not smoking in public places.　教師は公共の場での喫煙をやめて模範を示すべきである。
4. The high school 100-meter sprinter ran 10.01 seconds to **set** a new Japanese junior record.　高校生の短距離選手が100メートルを10.01秒で走りジュニア日本記録を樹立した。
5. **Set** your own pace! (= Pace yourself!)　（あせらないで）マイペースで！

③ set 　物事をある状態にする

6. The U.S. ambassador to Libya was killed when gunmen stormed the compound and **set** it on fire.　駐リビア米国大使は、テロリストが大使館の敷地に突入し放火した際に殺害された。
7. The hijacker finally **set** the hostages free.　ハイジャック犯はようやく人質を解放した。

④ set 　固める・固まる

8. The concrete had **set** hard.　コンクリートはしっかり固まった。

⑤ set ＋ 副詞

9. The doctors **set** about finding out what people ate in the affected region.　医師団は発症者の多い地域で人々が何を食べたかを突き止める調査を始めた。
10. The rainy season has **set** in 10 days earlier than usual.　例年より10日早く梅雨になった。
11. A massive earthquake and tsunami **set** off multiple meltdowns at the Fukushima nuclear plant.　巨大地震と津波が、福島原発の複数のメルトダウンを引き起こした。
12. A scholarship fund was **set** up to try to encourage the students who want to study medicine.　医学を志す学生のための育英資金が設立された。

settle

定着させる、定着する

【解説】

　settle は seat（席）の関連語で、原義は「席に座らせる→定位置に座らせる」です。ここから「ふらふらした不安定な状態を落ち着かせる」というイメージが生じます。おもに、①「不安定な状況が落ち着く・気配が覆う」（例文1～2）、②「負債やトラブルを処理する・清算する」（例文3～4）、③「生活・気持ちを安定させる」（例文5～6）、④「居住地を定める」（例文7～8）、⑤「身体・姿勢を安定させる」（例文9）といった場面で多く用いられます。

　名詞形の settler は ⑥「曲折を経てある地へ定住した人→移住者」（例文10）のことです。またそのような移住者が集まって住みつくと、その地域は ⑦「集落」（例文11）になります。これを settlement と言います。

① | settle | 不安定な状況が落ち着く・気配が覆う

1. The price of crude oil fell nearly $2 to **settle** at $120 a barrel.　原油価格は2ドル近く下落し、1バレル120ドルに落ち着いた。

2. Upon hearing the news of our father's condition, gloom **settled** over us.　父の容態を聞いて、私たちは陰鬱な空気に包まれた。

② | settle | 処理する・清算する

3. Please **settle** this account by the end of the month.　この勘定を月末までに済ませてください。

4. They tried to **settle** the matter with money.　彼らはその件を金で（＝示談で）片付けようとした。（※示談はan out-of-court settlementと言う）

③ | settle | 生活・気持ちを安定させる

5. I will write more as soon as I am **settled** (= as soon as I have **settled** down).　落ち着きましたら、もっと詳しくお便りします。

6. When we can't afford the thing we really want, we often **settle** for second best.　人は欲しい物が買えないときは、たいてい次善の物で納得する。

④ | settle | 定住する

7. After moving several times, Marie **settled** in a rural village close to where she was born.　マリーは何度か引っ越しをしたが、最後には生まれ故郷に近い農村に落ち着いた。

8. While the others **settled** locally, my brother went to Tokyo and studied law.　他の者は地元に残ったが、兄は東京に出て法学を学んだ。

⑤ | settle | 身体・姿勢を安定させる

9. After getting all his work done, he **settled** down to watch a video.　彼は仕事を全部済ませると、ゆったり座ってビデオを楽しんだ。

⑥ | settler | 移住者

10. It was this rich soil that attracted pioneer **settlers** to this region.　この肥沃な土地が、開拓者たちをこの地へ引きつけた。

⑦ | settlement | 集落

11. A few small **settlements** can be seen along the coast.　海岸線に沿っていくつかの集落が見えた。

share

分かち合う、分担し合う

【解説】

　shareの原義は「切り分ける」です。その対象には「具体的な物」と「抽象的な物事」があります。

　具体的な物の例として、たとえば①食糧は「切り分ける・分け合う」（例文1）ことができます。2人でshareすれば、分け前は2分の1になります。具体的な物でも、②部屋などは切り分けられないので「共用する」（例文2〜4）ことになります。

　抽象的な物事の例として、たとえば、労働・悩みなどの負担は③「分け合う」（例文5〜8）ことができます。2人でshareすれば、負担は半減します。また、④「情報を共有する」（例文9〜11）場合、2人でshareすれば、伝播し2倍に広がります。あるいは⑤「賞や地位を分け合う」（例文12〜13）場合、2人でshareすれば、同じ賞・同じ地位を両者で分け合うことになります。

　私たちは善きものをshare（分かち合う）、悪しきものをshare（分担し合う）という生活の知恵でもって、たがいに助け合って暮らしています。

① `share` 食糧を分け合う

1. Would you like to **share** my sandwich?　サンドイッチを一緒に食べない？

② `share` 物を共用する

2. My brother **shares** an apartment with a student from Okinawa.　弟は沖縄から来ている学生とアパートを共同で借りている。
3. Would you mind **sharing** the table?　相席させてもらえますか？
4. I felt romantic to walk in the rain, **sharing** my raincoat with my girlfriend.　レインコートの中に彼女を入れて雨の中を歩くとロマンチックな気分になった。

③ `share` 負担を分け合う

5. The three of us shared a taxi.　3人でタクシーに相乗りした（＝運賃を分担した）。
6. My wife and I share the responsibility for the children.　子育ての責任は妻と私で分担している。
7. My husband and I **share** the driving when we go for a long trip.　遠出のときは、夫と私は交替で運転する。
8. **Sharing** your troubles with others will help lessen your worries.　悩みを他の人に打ち明けると気持ちが楽になる。

④ `share` 情報を共有する

9. Thank you for **sharing** the photos.　写真を見せてもらってありがとう。
10. That's a wonderful recipe. I'd like to **share** it with my friends.　素敵なレシピだわ。友だちにも教えてあげたいわ。
11. The conference is a very good place to **share** information and exchange ideas.　学会は情報を分かち合いアイディアを交換するには格好の場だ。

⑤ `share` 賞・地位を分け合う

12. Three scientists **shared** Nobel Prize for medicine for work on parasitic diseases.　寄生虫による病気の研究に対して、3人の科学者がノーベル医学賞を共同受賞した。
13. The Yankees now own a 52-30 record and **share** first place with the Red Sox.　ヤンキースは現在52勝30敗でレッドソックスと同率首位に立っている。

spare

使わずに残しておく

【解説】

　spare の原義は「(予備のために) 使わずに残しておく」です。これは①「惜しむ・節約する」(例文1~3) という行為です。そうすることで残したものを②「分け与える・割く」(例文4~8) という行為につながります。また、残すと「(消費・苦痛・災難などを) 免れさせる」ことになります。この意味を表す構文は be spared になり、③「(消費・苦痛・災難などから) 免れる」(例文9~12) ことになります。

　たとえば3本のろうそく (イラスト) のうち、節約のため2本のみに火をつけます (倹約)。すると残りの1本を他者のために供することができます (分配)。ろうそくの立場から見れば、火にあぶられずに済むことになります (苦痛の回避)。

① **spare** 惜しむ・節約する

1. **Spare** the rod and spoil the child.　＜ことわざ＞ 鞭(むち)を惜しむと子どもをだめにする(＝ かわいい子には旅をさせよ)。

2. He **spared** no effort as mayor to rebuild the town from the ruins.　彼は荒廃した町を再建するために、町長として骨身を惜しまぬ努力をした。

3. They **spared** no expense in building and furnishing the new training center.　新しい訓練センターの建設と設備のために惜しみない金が使われた。

② **spare** 分け与える

4. Could you **spare** one of your staff to help us out?　あなたのところの職員の一人を私どもに回して手伝ってもらえませんか？

5. We don't have very much kerosene, but we can **spare** you a little.　灯油は十分あるわけじゃないけど、少し分けてあげるよ。

6. Can you **spare** a few minutes?　ちょっと時間をいただけますか？

7. You should arrive at the airport with at least an hour to **spare**.　空港へは少なくとも1時間の余裕をみて行ったほうがいいよ。

8. We need to **spare** a thought for those who work for us in the background.　裏方で働いてくれる人たちを思いやることが大切だ。

③ **be spared** （苦痛・災難などから）免れる

9. Fortunately my mother had been **spared** the ordeal of surgery.　幸い母はつらい手術を受けなくて済んだ。

10. Some people living in the town have no electricity due to the severe thunderstorm. So far we have been **spared**.　激しい雷雨のために町では停電をしている家庭もあるが、今のところ私たちは停電を免れています。

11. During the World War II, Kyoto was **spared** from much of the destruction.　第Ⅱ次世界大戦中、京都は壊滅的被害をほとんど受けなかった。

12. Okinawa was **spared** a direct hit, but the typhoon still brought heavy rains and powerful winds.　沖縄は台風の直撃を免れたが、それでも豪雨と強風に襲われた。

stand

立っている、立つ

【解説】

　standの原義は「立っている」です。基本義は人や物が①「立っている（状態）」（例文1～4）、あるいは②「立つ（動作）」（例文5～7）です。また、物事が③「あるがままに立っている（＝存在している）状態」（例文8～9）を言います。さらに記録や決定事項がstandするという文脈では、④「立っている→倒れていない→生きている→依然として効力がある」（例文10）の意味に展開します。また人や物が厳しい条件下でstandするという文脈がよくあります。これは⑤「（困難や試練に屈せず立ち続ける）→耐える」（例文11～12）のように展開します。圧力を受けながらstandするには「倒れないように耐える」必要が生じるからです。このstandは「（弓なりになって）ふんばる」とイメージすれば、すぐに体感できるでしょう。

① | stand | 立っている |

1. The grand champion **stands** 190 centimeters and weighs 150 kilos.　横綱は 190 センチ、150 キロだ。
2. Lots of people were **standing** in line to buy tickets for the concert.　大勢の人がコンサートのチケットを求めて列をつくっていた。
3. The historical museum **stands** on the site of an ancient battlefield.　歴史博物館は、昔、戦(いくさ)のあったところに建っている。
4. The Shinkansen-train **standing** at platform 6 is for Hakata.　6 番ホームに停車中の新幹線は博多行きです。

② | stand | 立つ |

5. Can you **stand** on your hands?　君は逆立ちできる？
6. Step on to the scale and **stand** still.　体重計に乗ったら動かないようにしなさい。
7. In five days after the operation, I was able to **stand** without support.　手術後 5 日で介助なしで立てるようになった。

③ | stand | ありのままで存在する |

8. Your draft for the speech is OK as it **stands**.　スピーチの草稿はそのままでいいですよ(＝ 修正の必要はない)。
9. As things **stand**, there is little chance of a quick settlement of the territorial disputes.　現状では領土問題がすぐに解決をみる可能性はほとんどない。

④ | stand | 依然として効力がある |

10. He set a world record in 1985, which still **stands** today.　彼は 1985 年に世界記録をつくり、それは現在も破られていない。

⑤ | stand | 耐える |

11. This dish can't **stand** high temperatures.　このお皿は耐熱性ではない。
12. Sara has three young kids and works full time. I don't know how she can **stand** it.　サラは幼い子が 3 人いるうえに、フルタイムで働いているのよ。どうしてそんなことができるのかしら。

succeed

成功する

【解説】

　succeedの原義は「suc(次に)ceed(続く)」です。ここから①「あとを継ぐ・あとに来る」(例文1～2)→②「とぎれずに首尾よくつながる→成功する」(例文3～4)と意味が展開します。司馬遼太郎『洪庵のたいまつ』の中に次のような一節があります：「洪庵の偉大さは、自分の火を、弟子たちの一人一人に移し続けたことである。弟子たちのたいまつの火は、後にそれぞれの分野であかあかとかがやいた。」「継続は力なり」と言いますが、「継続」は成功への原動力です。よく似た英語のことわざに、Succession is the true test of success.(継続できるかどうかが、成功へのかぎだ)があります。

　また、形容詞には③「継続的な→次に続く」(例文5)を表すsucceeding、④「連続的な→次々続く・歴代の」(例文6)を表すsuccessive、それに⑤「成功した」(例文7)を表すsuccessfulがあります。同様に名詞には⑥「連続・継続」(例文8～9)を表すsuccessionと、⑦「成功・成功者」(例文10～11)を表すsuccessがあります。

① **succeed**　あとを継ぐ・あとに来る

1. I wonder who will **succeed** U.S. President Barack Obama.　オバマ米大統領の後継は誰だろう。
2. The scorching summer was finally **succeeded** by a cool and balmy autumn.　酷暑の夏が去って、ようやく涼しくてさわやかな秋が来た。

② **succeed**　成功する

3. He is so talented that he will **succeed** in whatever career he chooses.　彼はとても才能があるので、どんな職業に就いても成功するだろう。
4. He doesn't have the foresight required to **succeed** in business.　彼は事業で成功するために必要な先見の明に欠けている。

③ **succeeding**　次に続く

5. The genetic information contained in DNA is passed on to **succeeding** generations.　DNAに含まれている遺伝子情報は次世代に引き継がれていく。

④ **successive**　次々続く

6. For decades **successive** governments have been trying to solve the North Korean abduction issue.　歴代内閣は北朝鮮の拉致問題の解決に何十年も取り組んでいる。

⑤ **successful**　成功した

7. What does it take to be **successful** in finding a job?　就活に成功するには何が必要ですか？

⑥ **succession**　連続・継続

8. A **succession** of terrorist attacks has given a serious blow to the tourism in Egypt.　あいつぐテロ事件はエジプトの観光産業に深刻な打撃を与えた。
9. He has won the championship three times in **succession**.　彼は選手権で3連覇した。

⑦ **success**　成功・成功者

10. I have been looking for a job for 6 months without any **success**.　6か月ほど職探しをしているが、どれもうまくいっていない。
11. In order to be a **success** as a writer, you need flair and perseverance.　作家として成功するには才能と忍耐力が必要だ。

suffer

(病気や不幸に)苦しむ

【解説】

　sufferの原義は「suf(下で)fer(運ぶ・耐える)」です。人が重荷を背負いながら歩み、生きていく場面が連想できます。ここでの重荷とは、「身体的苦痛＝病気」や「精神的苦痛＝不幸・災難・不振」などを指します。

　構文によって意味合いが微妙に変わります：①「suffer from ＋病気・不幸」の場合は、病気・不幸がある程度の期間にわたっていることを言外に意味しています(例文1～3)。②「suffer ＋病気・不幸」の場合は病気・発作・事故などが突発的であることを暗示しています(例文4～7)。③ sufferが目的語を取らない場合は「苦しむ・悩む」の意味になります(例文8)。名詞形はsuffererなら④「被災者・病人」(例文9)、sufferingなら⑤「苦しみ・苦労・受難」(例文10～11)の意味で用います。

① **suffer from ＋ 病気・不幸**　慢性の病気・不幸な状態にある
1. She has been **suffering** from depression since she lost her daughter.　彼女は娘を亡くして以来、うつ病を患っている。
2. Many department stores have been **suffering** from years of decline in sales.　長期の売り上げ不振に苦しんでいる百貨店が多い。
3. There are people who **suffer** from a disparity between his or her biologic and mental sexual identities.　性同一性障害に悩む人がいる。

② **suffer ＋ 病気・不幸**　突発的に病気・不幸な状態に陥る
4. He **suffered** a broken leg and broken ribs in the crash.　彼は衝突事故で足と肋骨を折った。
5. He **suffered** a heart attack while playing golf.　彼はゴルフをしているときに心臓発作を起こした。
6. The Philippines **suffered** one of the most powerful typhoons last year.　フィリピンは去年、史上最大級の台風に襲われた。
7. He **suffered** a serious setback in his political career when he committed a gaffe on racism.　彼は人種差別に関する失言をして、政治家として大きな痛手をこうむった。

③ **suffer**　苦しむ・悩む
8. All that I could do was pray that my mother wouldn't **suffer** before she died.　母が苦しむことなく死ねることを祈るばかりだった。

④ **sufferer**　被災者・病人
9. Spring can be a gloomy season for hay fever **sufferers**.　花粉症の人にとって、春は憂鬱な季節になりかねない。

⑤ **suffering**　苦しみ・苦労・受難
10. We must learn how to derive great blessings from every **suffering** we have to bear.　耐えなければならない苦しみの中に、大きな恵みを見つけ出すことを学ばなければならない。
11. I feel deeply the pain and **suffering** of those parents who lost their children in the accident.　その事故で子どもを亡くした親たちの痛みや苦しみが痛いほど分かる。

take

〜を取る

【解説】

　take は「物をつかむ」が原義ですが、実にさまざまな意味があります。「つかむ」の意味を少し広げて「取る」という訳語を与えてみると take の多義性を次の6つの意味に大きく分けることができます：①「物を取る→手に取る・持って行く」（例文1〜2）、②「物や命を取る→奪う」（例文3〜4）、③「人の手を取る→連れて行く」（例文5〜6）、④「目的とするものを取る→利用する」（例文7〜8）、⑤「〜という考えを取る→〜と解する」（例文9〜10）、⑥「時間を取る→時間がかかる」（例文11〜13）。

　take（取る）という動作の性格上、take の対象が主体と共に移動する、あるいは主体が対象を取り込むという意味合いをつねに伴います。

① `take` 手に取る・持って行く

1. **Take** your child's hand when crossing the street. 通りを渡るときは子どもの手を取りなさい。
2. **Take** your umbrella with you just in case. 降るといけないので傘を持って行きなさい。

② `take` 奪う

3. Someone's **taken** a pocket camera from my desk. 誰かがデスクから僕のポケット・カメラを盗んだ。
4. He **took** his own life by taking an overdose of sleeping pills. 彼は睡眠薬を大量に服用して自殺をした。

③ `take` 連れて行く

5. **Take** me out to the ballgame. 私を野球へ連れて行って。
6. My job has **taken** me all over the world. 仕事で世界中を回った。

④ `take` 利用する

7. I **took** a course in photography at a local college. 地元の大学で写真の課程をとった。
8. I **take** the bus to work. 通勤にはバスを利用している。

⑤ `take` 〜と解する

9. **Take** it easy! 気楽にね！（※状況を気楽に考える）
10. I was joking, but she **took** me seriously. 冗談で言ったのに、彼女は真に受けた。

⑥ `take` 時間をかける・時間がかかる

11. There's no need to hurry; **take** your time. 急ぐ必要はないよ。ゆっくりやりなさい（＝必要な時間をかけなさい）。
12. How long does it **take** to get a passport? パスポートの取得にはどれくらいかかりますか？
13. It **takes** time to get where you want to be. It doesn't happen overnight. 自分の目的に到達するには時間がかかるものだ。一夜にして成ることはない。

tell

語る

【解説】

　tell の原義は「相手に向かって情報を言葉で伝える」です。ここから①「ある内容について語る」(例文1〜2)→②「きちんと言う・言いつける」(例文3〜6)→③「(情報に基づいて)伝える・分かる・判別できる」(例文7〜9)のように意味が展開します。このように tell は話の「内容に重点を置いた話す行為」を意味します。

　類義語の talk と比べてみましょう。talk は「話し方に重点を置いた話す行為」(例文10〜13)を意味します。両語の違いを端的に日本語訳で言えば、tell は「語る」、talk は「しゃべる」です。

　構文的には tell は、語る内容に注目するので他動詞的、talk はしゃべる行為に注目するので自動詞的と言えます(156ページ、say の項目も参照)。

① **tell** 語る
1. Every night, the girl **told** her mother of what had happened at school.　毎晩、少女は母親に学校での出来事を話した。
2. I cope with every misfortune by **telling** myself that "tomorrow is another day."　私は不運に出くわすたびに「明日があるさ」と、自分に言い聞かせて乗り切っている。

② **tell** 言いつける
3. I finished everything you **told** me to do.　やるように言われたことは全部やったよ。
4. You have to listen to me and do what you're **told**.　私の言うことをちゃんと聞いて、言われた通りにしなさい。
5. How many times have I **told** you not to touch it?　それに触っちゃだめって何回も言ったでしょう？
6. Near the school zone, there is usually a sign **telling** motorists to slow down.　学校の近くには通例、「徐行運転せよ」の標識がある。

③ **tell** 分かる
7. How can you **tell** how far away a star is?　地球から星までの距離はどうやって分かるの？
8. How do you **tell** an edible mushroom from a poisonous one?　食用キノコと毒キノコは、どうやって区別しますか？
9. These strata **tell** us about climate change since ancient times.　これらの地層を観察すると古代からの気候変動が分かる。

◇ **talk** しゃべる
10. Most babies learn to **talk** by 2 years old.　赤ん坊は普通２歳までに言葉をしゃべり始める。
11. Shut up! I'm still **talking**.　黙って！　私、まだしゃべっているのよ。
12. Who were you **talking** to on the phone?　電話の相手は誰だったの？
13. He doesn't **talk** about his family much.　彼は家族のことをあまりしゃべらない。

think

~と考える・~と思う

【解説】

　thinkの原義および基本義は①「(経験・情報・知識を根拠にして)~と考える・~と思う」(例文1~10)です。つまり「ある根拠に基づいて~であると考える」という意味で、「考える」に相当するもっとも一般的な語で計画や行動、選択などについて使います。

　これに対して、類義語のbelieveは人の話や言葉を「具体的根拠や証拠によらず、自己の主観的判断で~であると信じる」(例文11~13)というニュアンスがあります。

　I strongly think that ... というと違和感が生まれますが、I strongly believe that ... なら自然な響きになるのは、thinkは「頭」を使う行為ですが、believeは「胸、心」を通して感じたり、思ったりする主観的行為だからです。

① **think** （根拠に基づいて）〜と考える・〜と思う

1. Wait a minute. I'm **thinking**.　ちょっと待って、いま考えているので。
2. Are you more likely to act before you **think** or **think** before you act?　君は思いついたらすぐ行動するタイプですか、それともじっくり考えてから行動するタイプですか？
3. What do you **think** is the most important thing in your life?　人生の中でもっとも大切なことは何だと思いますか？
4. Are animals able to **think** as we humans do?　動物は人間と同じように考えることができますか？
5. Dementia is a brain disorder that affects memory and **thinking**.　認知症は記憶力や思考力を損なう脳障害の1つである。
6. My father's **thinking** remained acute into his 90s.　父の思考力は90代になっても鋭かった。
7. **Thinking** about it again (= On second thought(s)), I **think** you are right.　考え直してみると、あなたが正しいと思う。
8. I **think** I prefer the snow to chilly rainy days.　どうも僕は冷たい雨の日よりも、雪のほうが好きです。（※I think を加えると主張がやわらぐ）
9. The team has been poorly managed for some years. The coach ought to resign, I **think**.　ここ数年チームの采配がさえない。監督は辞任すべきだと思う。（※I think を加えると主張がやわらぐ）
10. Stonehenge is **thought** to have been a house of the dead where burial rites were held.　ストーンヘンジは埋葬の儀式が行われた死者の家であったと考えられている。

◇ **believe** （主観的判断で）〜であると信じる

11. Did the police **believe** the witness' story?　警察は目撃者の証言を信用したの？
12. Do you **believe** the promise of the Bible that there is life after death?　死後の世界があるという聖書の言葉を信じますか？
13. He strongly **believes** that aliens exist somewhere in the universe.　彼は地球外生命体が宇宙のどこかに存在していると強く信じている。

touch

触れる、さわる

【解説】

　touch の原義は「ちょっと叩く、かるく打つ」です。ここから ① 「手でさわる・身体の一部でさわる」（例文 1〜3）→ ② 「物がたがいに触れる」（例文 4〜5）と展開します。さらに比喩的に ③ 「（ことに触れる）関わる・（話題に触れる）〜について言及する」（例文 6）→ ④ 「心に触れる・感動させる」（例文 7）のように展開します。「感動させる」の意は touch の原義が「ちょっと叩く、かるく打つ」ですから、日本語の「心を打つ」と同じ発想であり、「心の琴線に触れる」という表現も連想されます。

　名詞用法ではおもに ⑤ 「（触れ合う）交信、（ちょっと触れる）〜気味」（例文 8〜9）の意味で用います。また、形容詞形 touching は ⑥ 「心を打つ→感動的な」（例文 10）、touchy は ⑦ 「神経にさわりやすい→神経質な」（例文 11）の意味で用います。

① **touch** 手でさわる・体の一部でさわる

1. That paint is wet, so don't **touch** it.　ペンキは塗りたてだから、触らないで。
2. When I was sick, my mom would **touch** my forehead to see if I had a fever.　僕が元気がないとき、母はよく額に手を当てて熱があるか診てくれたものだ。
3. My daughter is feverish; she's hardly **touched** her food.　娘は熱があるので、食事をほとんど口にしていない。

② **touch** 物がたがいに触れる

4. Sparks flew when the electric wires **touched** each other.　電線が触れ合って火花が散った。
5. Don't let the back of the chair **touch** the wall.　椅子の背が壁に当たらないようにしなさい。

③ **touch** 〜について言及する

6. Plato had **touched** on almost every problem that occupied subsequent philosophers.　プラトンは後世の哲学者たちが関心を持ったほとんどすべての問題に触れていた。

④ **touch** 感動させる

7. We were all much **touched** by her story. (= Her story **touched** us all deeply.)　彼女の話に皆がとても感動した。

⑤ **touch** （触れ合う）交信・（ちょっと触れる）〜気味

8. I'm sorry that I've been out of **touch** for a long time.　長い間ご無沙汰しちゃってごめんなさい。
9. I have a **touch** of (a) cold.　風邪気味だ。

⑥ **touching** 感動的な

10. It was **touching** to see the mother and her children get together after 40 years of separation.　母と子どもたちが 40 年間の離別の後、再会したのは感動を呼んだ。

⑦ **touchy** 神経質な

11. Japanese girls today are very **touchy** about the size of their heads.　最近の日本の少女は顔の大きさをとても気にする。

turn

回す

【解説】

　turn の原義は「回転する」です。大きく分けると、① 回転が目に見える場合「(物理的に)回転する」(例文 1〜4)と、② 回転が見えない場合「(転じて、巡って)転変する・変化する」(例文 5〜7)があります。この用法で頻出する連語表現 turn out は ③「〜と判明する」(例文 8)の意味になります。これは「turn(転がって)out(出てくる)サイコロの目(結果)」とイメージして捉えると分かりやすいでしょう。

　名詞用法も同様に ④「物理的回転→方向転換」(例文 9〜10)と、⑤「比喩的回転→様子の変化・(巡ってくる)順番」(例文 11〜13)があります。「転じる→変化する」という流れで捉えるのは、英語も日本語も同じです。

① turn　回転する
1. Make full use of your time. You cannot **turn** back the clock.　時間は有効に使いなさい。時計の針を戻すことはできないのだから。
2. As an oncoming car came over the center line, I **turned** the wheel sharply to the left.　対向車がセンターラインを越えて来たので、左へ急ハンドルを切った。
3. Click the black button below to **turn** the pages.　（電子書籍で）下の黒ボタンをクリックしてページをめくりなさい。
4. At most places the tide **turns** twice a day.　たいていの場所で、潮の干満は1日に2度変わる。

② turn　変化する
5. Relations between the two countries are beginning to **turn** sour.　両国間の関係がだんだん怪しくなり始めている。
6. Why did he suddenly **turn** cold towards me?　どうして彼は急に私に冷たくなったのかしら？
7. My mom will **turn** 45 next month.　母は来月で45歳になる。（※1年が巡って〜歳になる）

③ turn out　〜と判明する
8. It **turned** out much better than I had expected.　結果は思ったよりはるかによかった。

④ turn　方向転換
9. When you make **turns** in driving, keep an eye out for pedestrians and cyclists on the road.　車で角を曲がる際は、歩行者や自転車に気をつけて。
10. Let's make a left **turn** here to go on to the highway.　ここで左折して高速道路へ入りましょう。

⑤ turn　変化・順番
11. The economic situation in Brazil took a **turn** for the worse.　ブラジルの経済状況は悪化した。
12. It's my **turn** to cook tonight.　今夜は僕が料理する番だ。
13. I take **turns** doing swimming one day and cycling the next.　水泳とサイクリングを毎日、交互にする。

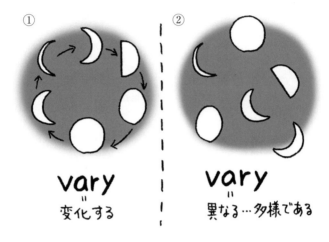

【解説】

　vary の原義および基本義は「変化する」です。大きく分けて次の2つの意味があります：①「形や性質などを変える(変化させる)・形や性質などが徐々に変わる(変化する)」(例文1〜4)と、②「形や性質がさまざまに異なっている」(例文5〜7)です。

　①の場合は変化の過程で時間的要素が入りますが、②の場合は時間の経過は伴いません。端的に言うと前者は「変化」を、後者は「多様」を意味します。

　名詞形の variation は③「変化・変動すること」(例文8)、variety は④「多様性に富むこと」(例文9)の意味です。形容詞形の varied は⑤「(個々を思い描いて)種々の」(例文10)、various は⑥「(全体を思い描いて)多様な」(例文11)の意味で用います。

① **vary** 変える・変わる

1. My doctor said I should **vary** my sleep habit.　医者に睡眠の習慣を変えないといけないと言われた。
2. He baffled the batters by skillfully **varying** the speed of his pitches.　彼は巧みに球速に緩急をつけて打者を手玉に取った。
3. The good dye job on your hair **varied** the tints a little to look more natural.　染め方がいいので髪の色合いが少し変わり、これまでより自然に見えますよ。
4. The weather on the mountaintop **varies** from hour to hour.　山頂の天気は刻々と変わる。

② **vary** さまざまである・異なっている

5. Dogs **vary** greatly in size, appearance, and habits.　犬は大きさ、外見、習性が極めて多様である。
6. Symptoms of the cold **vary** from patient to patient; some sneeze and some cough and others have a fever.　風邪の症状は患者によって異なる。くしゃみをしたり、せき払いをしたり、熱があったりする。
7. Even in cases of identical twins, the fingerprint patterns will **vary** slightly.　一卵性双生児の場合でも指紋の形は微妙に異なっているものだ。

③ **variation** 変化・変動すること

8. I find that my blood pressure varies a great deal. I wonder what causes wide **variation** in blood pressure.　私の血圧は大きく変化します。なぜ大きな血圧の変動が起こるのだろうか。

④ **variety** 多様性に富むこと

9. This restaurant serves a **variety** of locally-brewed beers.　このレストランでは種々の地ビールが飲める。

⑤ **varied** 種々の

10. You have too many likes and dislikes. You'd better eat a more **varied** diet.　君は好き嫌いが激しすぎる。もっといろいろな物を食べなくちゃだめだよ。

⑥ **various** 多様な

11. My father reads books on **various** subjects, from politics to astronomy.　父は政治から天文学に至るまで多様な分野に関する本を読む。

walk

歩く

【解説】

　walk の原義は「歩く」です。つまり、元来は自動詞で①「(人や動物が)歩く」(例文1〜5)の意味で用いられますが、他動詞として目的語を伴って②「歩かせる・付き添って歩く・(打者を)歩かせる」(例文6〜8)という場合にも使われます。

　名詞用法では③「散歩・徒歩・歩道」(例文9〜11)や④「職業」(例文12〜13)などの意味があります。これらの中で「職業」の意味は異色です。これは、人の歩きを人生の歩み方(way of living)になぞらえたもので、walk of life という定型表現で使われます。日本語では「人生行路」という表現を連想するかも知れませんが、これはとくに職業の意味合いを含んでいないので英語のニュアンスとは異なっています。

① **walk** 歩く

1. Those children **walk** to and from school in a group.　子どもたちは、集団で登下校する。
2. I like to go **walking** in the park, just to get a change of scenery.　気分転換に公園を散歩するのが好きだ。
3. It's too far to **walk**. It'll take you about 30 minutes on foot.　歩くには遠すぎるよ。徒歩で 30 分はかかるよ。
4. The sand on the beach was too hot to **walk** on in bare feet.　浜辺の砂は熱すぎて、裸足では歩けなかった。
5. Our school is within easy **walking** distance of the train station.　私たちの学校は駅から歩いてすぐのところにある。

② **walk** 歩かせる・付き添って歩く・(打者を)歩かせる

6. Did you **walk** the dog this morning?　今朝、犬を散歩させた？
7. When leaving the hospital, the nurse **walked** me to the front door.　退院のとき、看護師が玄関まで送ってくれた。
8. Hideki Matsui was once intentionally **walked** five times in a row in a game of the national high school championship.　松井秀喜は、かつて全国高校野球選手権大会で、1 試合に 5 打席連続で敬遠されたことがある。

③ **walk** 散歩・徒歩・歩道

9. Let's go for a **walk** in the park.　公園に散歩に行こう。
10. It's about 20 minutes' **walk** from my house to the school.　家から学校まで徒歩で 20 分ほどです。
11. In general, cyclists aren't allowed to ride their bikes on the side **walk**.　原則、自転車は歩道を走ってはいけない。

④ **walk** 職業

12. People from all **walks** of life joined the protest against the restart of nuclear power plants.　さまざまな職種の人たちが原発再稼働の抗議集会に参加した。
13. A rich vocabulary is an important attribute of success in any **walk** of life.　豊富な語彙力はどんな職業でも成功を収めるために大切な条件である。

want

～を欲する

【解説】
　wantの原義は「～が欠落している」です。ここから「欠落している→必要である→欲する」のように意味が展開します。ちなみに、「欲」という漢字の成り立ちは、「谷を流れる水でのどの渇き（水分の欠乏）を埋めたいと思う気持ちのこと」という説があります。「欠落」と「欲求」は表裏一体ですね。

　構文的には、① want ＋名詞（～が欲しい）（例文1～2）、② want to be〔to do〕（～になりたい〔～がしたい〕）（例文3～5）、③ want ＋人＋ to do（人に～してもらいたい）（例文6～7）、④ want ＋名詞＋形容詞（～が…であって欲しい）（例文8～9）、⑤人＋ be wanted（指名手配されている）（例文10）を確認しておきましょう。

　形容詞形⑥ wanted（指名手配された）（例文11）と⑦ unwanted（望まれない）（例文12）も、日常よく用いられます。

① **want + 名詞**　**〜が欲しい**

1. "Do you **want** more coffee?"—"Yes, please."　「コーヒー、もう少しどう？」——「うん、ちょうだい」
2. Thanks for the birthday present. It's just what I **wanted**.　誕生日のプレゼントをありがとう。ちょうど欲しかったのよ。

② **want to be (to do)**　**〜になりたい〔〜がしたい〕**

3. What do you **want** to be when you grow up, Tom?　トムは大人になったら何になりたいの？
4. I never **want** to be self-employed, having seen the effect it had on my parents.　両親が大変苦労したのを見ているので、自営業は絶対やりたくない。
5. The company **wants** to expand its presence in the international market.　その会社は国際市場での展開を図りたいと思っている。

③ **want + 人 + to do**　**人に〜してもらいたい**

6. There are many parents who **want** their children to learn to speak English.　子どもには英語を話せるようになって欲しいと思う親が多くいる。
7. If you have a problem with this plan, I **want** you to tell me right now.　この計画に問題があるのなら、すぐに言ってください。

④ **want + 名詞 + 形容詞**　**〜が…であって欲しい**

8. I **want** this letter posted today.　この手紙を今日投函して欲しい。
9. Do you **want** your coffee black or with milk?　コーヒーはブラックがいいですか、それともミルクを入れましょうか？

⑤ **人 + be wanted**　**指名手配されている**

10. Our former neighbor is **wanted** for an attempted murder by the police.　かつて隣に住んでいた人が、殺人未遂の容疑で警察に指名手配されている。

⑥ **wanted**　**指名手配された**

11. She was accused of aiding and abetting a **wanted** criminal.　彼女は指名手配者をかくまった罪で訴えられた。

⑦ **unwanted**　**望まれない**

12. When faced with an **unwanted** pregnancy, deciding what to do is not easy.　望まない妊娠をした場合、どうすべきかを決めるのは容易ではない。

wear

着ている

wear = 着る　　wear = くたびれる　　wear = 長もちする

【解説】

　wearの原義は「身につけている」です。ここから①「身につけている・着ている」（例文1〜5）→そうすると②「すり切れる・すり減る」（例文6〜8）→あるいは③「長もちする」（例文9）のように意味が展開します。①の身につけるものは、着物・帽子・靴・眼鏡・コンタクトレンズから身体の一部である髭・髪の毛、さらに化粧・表情まで多様です。身につけていると次のような2つの現象が起こります。1つは、衣服などが「（摩擦で）すり減る」。もう1つは、衣服などが「（酷使に耐えて）長もちする」ことです。このようにwearという1つの単語で幅のある一連の現象を描出しています。

　名詞用法も同様に、④「衣服・着用・摩耗・耐久性」（例文10〜13）の意味があります。

① **wear** 身につけている

1. Do I have to **wear** a tie for the party?　パーティーにはネクタイをしていかなくてはいけないの？
2. She **wears** more make-up than she used to.　彼女は昔より化粧が濃い。
3. Do you **wear** perfume〔false eyelashes / contact lenses〕？　あなたは香水〔つけまつげ／コンタクトレンズ〕をつけますか？
4. The principal always **wears** a frown〔a smile〕.　校長はいつも渋い〔にこやかな〕表情をしている。
5. Natsume Soseki **wore** a mustache.　夏目漱石は口ひげをはやしていた。

② **wear** すり減る

6. You should change your toothbrush, as soon as the bristles begin to **wear**.　歯ブラシの毛がへたってきたら、新しい物と交換しなさい。
7. Why do front tires **wear** (out) faster than rear tires?　なぜ前輪のタイヤのほうが後輪のタイヤよりも早くすり減るのだろう？
8. Those reporters' incessant questions have **worn** the minister's patience.　記者たちの質問攻めに、大臣は感情をあらわにした（＝忍耐力が切れた）。

③ **wear** 長もちする

9. How well a carpet will **wear** depends on its fabric.　じゅたんがどれほど長もちするかは生地による。

④ **wear** 衣服・着用・摩耗・耐久性

10. This coat is perfect for everyday **wear**.　このコートは普段着にぴったりだ。
11. You won't get much **wear**（＝use）out of those cheap shoes.　そんな安物の靴では長く使えないよ。
12. The living room carpet is showing signs of **wear**.（＝The living room carpet is starting to **wear**.）　居間のじゅうたんがくたびれてきた（＝摩耗のきざしが見え始めた）。
13. There is still a lot of **wear** left in these shoes.　この靴はまだ十分はけるよ。

wish

〜であればいいのにと願う

【解説】

　wish の原義および基本義は「〜であればいいのにと願う」です。類義語の want は「必要→欲しい」と展開しますが、wish は「願望→あればと願う」と展開します。wish は「起こりそうもないこと」、あるいは「自分の意志や力の及ばない」ことを対象にします。

　おもな構文は次の4つです。① wish (that) + 仮定法過去：〜であればよいのにと思う (例文1〜2)、② wish (that) + 仮定法過去完了：〜であればよかったのにと思う (例文3〜4)、③ wish to do：〜したいと思う (want to do よりややフォーマルで感情がこもった響きがある) (例文5〜6)、④ wish + 人 + 健康・幸福を願う表現 (例文7〜8)。

　名詞用法では ⑤「祈り・祝福の言葉」(祈りや希望はいろいろとあるので、wish は複数形) (例文9〜10) や ⑥「切望・願望」(例文11〜12) の意味で用います。

① **wish + 仮定法過去**　　**～であればよいのにと思う**

1. "Can you loan me ten thousand yen?"—"Well, I **wish** I could but I won't be able to now."　「1万円貸してくれない？」――「う～ん、貸してあげたいけど、今はちょっと」

2. I **wish** the world would become a place where people could solve their issues without turning to violence.　暴力に頼ることなく問題を解決できる世界になって欲しいと思う。

② **wish + 仮定法過去完了**　　**～であればよかったのにと思う**

3. I **wish** I hadn't quit my secure teaching job for the competitive world of journalism.　厳しいジャーナリズムの世界に入ってみると、安定した教職を辞めなければよかったと思う。

4. I **wish** I hadn't wasted so much of my life worrying about trivial things.　つまらないことにくよくよ悩んで、人生を無駄にしなければよかったと思う。

③ **wish to do**　　**～したいと思う**

5. I don't **wish** to be rude, but could you be a little quieter?　失礼なことは言いたくありませんが、もう少し静かにしてもらえませんか？

6. Do you **wish** to donate your organs posthumously for transplant?　あなたは死後、移植のために臓器を提供する意思がありますか？

④ **wish ＋人＋健康・幸福**　　**健康・幸福を願う**

7. I **wish** you a happy new year.　よいお年をお迎えください。

8. I **wish** you well in your retirement.　退職後の生活が順調でありますように。

⑤ **wishes**　　**祈り・祝福の言葉**

9. Best **wishes** for a speedy recovery.　1日も早いご回復をお祈りします。

10. Thank you for your good **wishes**.　お祝い〔励まし〕の言葉をありがとう。

⑥ **wish**　　**切望・願望**

11. Mom's last **wish** was to live long enough to see her first grandchild.　母の最後の望みは、初孫の顔を見るまで生きていたいということだった。

12. You should make a **wish** when you see a shooting star.　流れ星を見たら、願いをかけるチャンスだ。

wonder

〜かしらと思う

【解説】

　wonder の原義は「不思議に思う」です。「(不思議なことに出会い)驚く→どうしてだろうと思う→〜かどうか知りたいと思う」のように意味が展開します。とくに if 節や wh 節を伴って①「いぶかしく思う・〜だろうかと思う」(例文 1〜3)の意味でよく用いられます。相手の同意が得られるかどうか確信が持てない場合は進行形が用いられ、②「〜していただけるだろうかと思う」(例文 4〜5)という丁寧なニュアンスが生まれます。このとき、be 動詞を過去形にすると相手に返答を求めるニュアンスがいっそう減じるので、とても丁寧な感じになります。

　名詞用法では③「不思議・驚き」(例文 6〜9)の意味です。形容詞形の wonderful はカタカナ語「ワンダフル」と同様に④「すばらしい」(例文 10〜11)の意味です。この語の成り立ちは wonder + wonder + wonder → wonderful。つまり「不思議がいっぱい→驚きがいっぱい→すばらしい」です。

① **wonder**　いぶかしく思う・〜だろうかと思う

1. I'm going to meet my old friend, Bob. I **wonder** if he'll recognize me after all these years.　旧友のボブに会うのだけど、長年会っていないので彼は僕が分かるだろうか。
2. I **wonder** why he gave a false name.　彼はなぜ偽名を使ったのだろうか。
3. She began to **wonder** who her boyfriend was going out with.　彼女はボーイフレンドが誰と出かけているのだろうかと疑い始めた。

② **be wondering**　〜していただけるだろうかと思う

4. I was **wondering** whether you'd be able to help me move next weekend.　来週末に引っ越しを手伝ってもらえないかと思っているのですが。
5. I was **wondering** if you'd mind writing a letter of recommendation for me.　あなたに推薦状を書いていただけるだろうかと思っているのですが。

③ **wonder**　不思議・驚き

6. **Wonders** are all around us though we tend to forget this fact because we are used to them.　不思議は私たちの周囲にあふれているが、あまりに慣れっこになってこの事実を忘れがちだ。
7. She gazed down in **wonder** at the amazing countryside spread below.　彼女は眼下に広がる美しい田園風景を驚きの目で見つめた。
8. The computer is the **wonder** of modern technology. It operates much like the human brain.　コンピュータは現代工学の驚異である。人間の脳にとてもよく似た働きをする。
9. No **wonder** you're tired. You've been working nonstop.　疲れるのも無理ないよ(＝驚くことではない)、働き詰めじゃないか。

④ **wonderful**　すばらしい

10. Thanks for sharing your moving story. Life really is full of **wonderful** surprises.　心打つ話を聞かせてもらってありがとう。人生はすばらしい驚きでいっぱいですね。
11. It was a **wonderful** encounter which I will cherish for many years to come.　それは長く忘れ難い、すばらしい出会いだった。

work

働く、仕事をする

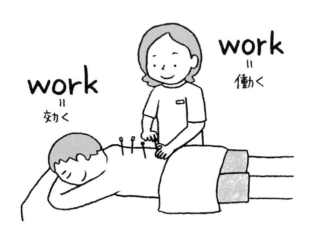

【解説】

　workの原義は「本来持っている力や機能を働かす」です。ここから大きく分けて、①「人が働く・仕事をする」(例文1～3)と、②「機械・企画・薬などが機能する→効果がある・成果を生む」(例文4～7)と展開します。

　名詞用法ではおもに③「仕事・労働」(例文8～9)のほか、④「作品・著作」(例文10～11)の意味で用います。

　近年、ネットワーク(network)という言葉がよく使われるようになりました。これは「網の目状につながった(net)交信機能組織(work)」を言うもので、もともとは、「河川・運河・鉄道などの交通網」を指していました。それが時代の進展につれ、「放送通信網」や「インターネット交信網」、あるいは「(情報を持った人々の間の)人脈」などを指すようになっています。

① work　人が働く
1. Dad **works** all the extra hours he can, even on Saturdays, while Mom **works** part time at home.　父は土曜日も含めて、時間外もできる限り働き、母は家で内職をしている。
2. How long have you been **working** for the publishing company?　どれくらいの期間、その出版社で働いていますか？
3. My brother is busy **working** on his model airplane.　弟は模型飛行機の製作に余念がない。

② work　効果がある・成果を生む
4. If you can't get a stain out of your clothes, rubbing salt into it often **works** well.　衣服のシミが取れないときは、塩をすり込むとうまくいく場合が多い。
5. The pills the doctor prescribed for my constipation didn't **work**.　便秘に処方してもらった錠剤は効かなかった。
6. A few words of praise **work** wonders if one of your students isn't very confident.　生徒の誰かが自信を失くしているときは、少しほめてあげることで驚くほどの効果が出る。
7. The standard recommendation of eight hours of sleep a night doesn't necessarily **work** for everyone.　一般的に一晩に8時間の睡眠がよいと言われるが、誰にでも効果があるわけではない。

③ work　仕事・労働
8. They are not allowed to use their personal cellphones at **work** in the company.　その会社では仕事中、個人の携帯電話は使用できない。
9. More **work** needs to be done to improve the quality of your thesis.　論文の質の向上には、さらに磨きをかける努力が必要だ。

④ work　作品・著作
10. Mark Twain's **works** are enjoyed worldwide.　マーク・トウェインの作品は、世界中で愛読されている。
11. This painting is one of Vincent van Gogh's later **works**.　この絵はフィンセント・ファン・ゴッホの晩年の作の1つです。

yield

屈する、生み出す

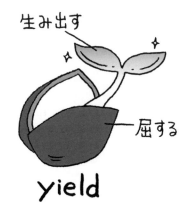

【解説】

　yield の基本義は ①「屈する」（例文 1～7）と、②「生み出す」（例文 8～12）です。「屈する」というマイナスイメージと、「生み出す」というプラスイメージ、2 つの接点はどこにあるのか考えてみましょう。yield の原義は「与える」です。自分と相手がいるときに、「自分が与える・譲る・屈する→相手は利益を生む→(報酬などを)生み出す」と展開します。ひと言で言えば「負けるが勝ち」の発想を一語の中に秘めていると言えましょう。

　イラストはこの両義を描いたもので、「種子の殻が割れて(＝屈して)芽が吹き出る(＝生まれ出る)」と読めます。

　また、米国の道路標識に YIELD とあるのは、原義そのままに「他車に道を与えよ」の意味です。英国の標識には GIVE WAY と記されています。

① **yield** 屈する

1. There's no honor in beating a fallen foe who has **yielded**.　降参した敵を殴り続けることは恥ずべき行為だ。

2. Many young people start smoking by **yielding** to peer pressure.　仲間の圧力に負けて、たばこを吸い始める若者が多い。

3. Drivers have to **yield** to ambulances.　運転手は救急車に道を譲らないといけない。

4. Here, you must **yield** to traffic coming from another direction by waiting and allowing it to go first.　ここでは別の方向から接近してくる車を優先し、停車して先に通さないといけない。

5. Tanaka gave up consecutive home runs in the fourth inning, but he did not **yield** any more runs.　田中投手は4回に連続本塁打を許したが、それ以外は得点を与えなかった。

6. Though my father has been told to stay away from alcohol, he often **yields** to the temptation to drink.　父は酒を控えるように言われているが、よく誘惑に負けて飲んでいる。

7. As we are always exposed to temptations, we should be careful not to **yield** to them.　私たちはつねに誘惑にさらされているので、誘惑に負けないように注意しなければならない。

② **yield** 生み出す

8. The fields are thriving, and will **yield** an abundant harvest in the fall.　農地には作物がよく育っていて、秋には豊かな実りをもたらすでしょう。

9. The ocean floor could **yield** many as-yet undiscovered natural resources.　海底から未発見の天然資源が多量に産出する可能性がある。

10. Term deposits **yield** better returns than ordinary deposits.　定期預金のほうが普通預金よりも多くの利子が付く。

11. Knowing about our past often **yields** solutions to our current problems.　過去を知ることで、現代の諸問題の解決法が得られることがよくある。

12. Silence can sometimes **yield** more effective results than verbal communication.　沈黙のほうが言葉による伝達より効果的な場合がある。

あとがき

　あなたの座右の銘はなに？って訊(き)かれた経験は誰にもあるでしょう。私はそんな時、"1 × 30 = 30、0 × 30 = 0"と答えることがあります。いつも、えっ？と怪訝(けげん)な表情をされるので、次のような話をします。
　私は飄々(ひょうひょう)と生きるということばが好きで、そんな生き方をしたいと思っていたのですが、どうも怠惰の性向がつよく、飄々どころか落ち込むことがよくありました。そんな時に思いついたのが、"1 × 30 = 30"と"0 × 30 = 0"という2つの数式です。30はひと月の日数です。
　さて、1と0の違いです。これはほんの1つの差があるだけですが、この差は「有と無」あるいは「実と虚」であり、比べようのない大きな差とも読めます。つまり、どんなにささやかでも1日に1つを成しさえすれば、ひと月の経過は確実に30の成果を生んでくれ、虚しさを嘆くことがありません。このように、ゆっくり、だらだら傾向の強い私には、この数式はけっこう効いてくれました。だって1日のある時間、ほんのちょっぴり頑張れば、あとは流れる時が何とかしてくれるのだと気持ちを楽にする習慣が身についたからです。少しだけですが、飄々と生きることを覚え、時の流れの早さをかこつこともなくなった自分がいました。
　ところで、1を単位とする内容はさまざまです。英会話を学ぶ人であれば、たとえば、1日5つの会話文の暗記をノルマとして課すと、半年後には900もの例文を覚えることになり、これは通常の日常会話をこなすにはもう十分な実力です。1日のノルマはささやかでも、ささやかなことを重ねる継続こそが力になります(本書172ページ参照)。
　ちょっとだけ頑張れ、あとは時の流れに任せておけばいいのだよと語ってくれるこの"数式格言"が、本書を手にしてくださった皆さんの心の片隅に残り、そしてちょっぴりでも効いてくれたら嬉しいなぁ・・・などと思ったりしながら、仕事部屋の壁に貼ってある"1 × 30 = 30、0 × 30 = 0"を眺めています。

上弦の月が美しい立冬の夜に　　著者

著者紹介

政村 秀實（まさむら・ひでみ）
1944年、山口県周防大島町に生まれる。北九州市立大学、大阪教育大学大学院、および Temple 大学大学院、Central Washington 大学大学院などで英語、英語教育学を学ぶ。徳山高専、島根県立大学短大部、広島女子大学（現・県立広島大学）などで教鞭をとる。2004年教職を退き現在に至る。近年、難病に苦しむも、明るく切り抜けている。ガーディニング、スポーツを好む。広島カープファン。

主な著作：『図解英語基本語義辞典』（桐原書店）、『英語語義イメージ辞典』（大修館書店）、『イメージ活用英和辞典』（小学館）、『ブライト和英辞典』（小学館、分担執筆）、『ベーシック ジーニアス英和辞典』（大修館書店、編著）、The Daily Yomiuri の連載コラム、Asahi Weekly の連載コラムなど。

イメージでつかむ英語基本動詞100

発　行	2016年12月23日　第1刷発行
著　者	政村秀實（まさむらひでみ）
装　丁	黒岩二三（Fomalhaut）
イラスト	坂木浩子（ぽるか）
発行所	株式会社　くろしお出版 〒113-0033　東京都文京区本郷3-21-10 TEL 03-5684-3389　FAX 03-5684-4762 http://www.9640.jp/　e-mail: kurosio@9640.jp
印刷所	藤原印刷株式会社

©MASAMURA Hidemi, 2016, Printed in Japan
ISBN 978-4-87424-720-4　C1082

● 乱丁・落丁はおとりかえいたします。本書の無断転載・複製を禁じます。

MEMO